Meiner Frau Marlies
gewidmet

Heedsch un Deedsch

Über das Leben,

die Liebe

und den

Wein

von

ALOIS IHLE

Illustration: Ulrike Ihle

Gedanken sind flüchtig

sie eilen dahin

drum will ich sie halten,

daß sie nicht entfliehn

Alois Ihle: Heedsch un Deedsch

Über das Leben, die Liebe und den Wein

Erschienen im Selbstverlag: Rauenberg 2000

Alle Rechte vorbehalten

ISBN 3-8311-0351-8

Illustrationen: Ulrike Ihle

Satz und Layout: Ulrike Ihle, Franz-Jürgen Haas

Umschlagsgestaltung: Ulrike Ihle, Franz-Jürgen Haas

Herstellung und Druck: Libri, Books on Demand

Inhalt

Durchs Weinjahr

Menschliches – allzu Menschliches

Zeitkritisches

Am See

Vorwort

(vorderpfälzischer Dialekt)

Wie ich do des neue Heftle – nee, es isch e ansehnliches
Heft vunn 118 Seite – vumm Alois Ihle zum erschte Mol
in die Hand genumme und drin geblättert hab, hab isch
erscht emool mein Kopp gschittelt:
Des isch jetzt vunn e me Bauer unn Winzer gschriwwe,
wu doch wirklich mehr als genug zu tu hodd, jeden
Daag, Daag fer Daag, oft bis in d´ Nacht nei. Wann hodd
dann der noch Zeit, froog ich miesch, sei Sache
uffseschreiwe, die er sich de Daag iwwer zammegedenkt
hodd? Iwwerhaupt:
Kann ma beim schaffe ach noch denke, gar im Reim
denke, unn ooweds ach noch wisse, was mer gedenkt
hat, dass mers ach noch uffschreiwe kann?
Dem Bichel noch se schliesse, kann des de Alois.
Isch glaab, der denkt immer:
Beim schaffe, beim esse, beim laafe, beim sitze, beim
liege. Wahrscheinlich ach noch beim schloofe. Sicher
g´heert er zu denne, denen es der Herr im Schlafe gibt,
wies in de Bibel steht.
Fährt mer uff de Hof unn will leere Flasche zerickgewe,
Bixewurscht aus seiner Hausschlachterei und volle
Weiflasche widder mitnemme, so sieht mar ihn als laafe
iwwer de Hof, bedächtig, gemächlich, entwedder zu de
Säu odder in de Schopf odder in Richtung Keller oder in
sein »Biodob« zu de Gäns, de Ponyle, zu de Hämmel
odder zu de Ente.
Mar siehts ihm aa: Immer wälzt er ebbes in seim Hirn
rum: ebbes in Mundart, ebbes in hochdeitsch, ebbes
besinnlich-nochdenkliches, ebbes luschdisches, ebbes
kritisches, ja, odder ach ebbes frommes.
Unn fährt die Bauernschul noch Ägypte: er isch debei;
noch China: er isch debei; noch Nepal: er isch debei.
Unn kummt mer mol noch Heidelberg zu me Vortrag

über die Geologie in Indie, wer sitzt do in de
vorderschte Reih, dass em bloss nix entgeht: de Alois.

Unn immer, wann d´ an ihn denkscht und du siehscht
ihn vor dir schtehe, behäbisch unn sicher, mit
glitzernde Äugle hinner de Brill unn nachdenklich
redde ... do schteigt em uff e mol en wunderbars Düftel
in d´ Naas vunn Wingert, Keller, Schwaartemache unn
vunn Woi, hm, hm, hm, vunn Woi, Woi, Woi.

*Albert Emmerling, ehemaliger Schulleiter der
Bauernschule Neckarelz und Gisela Emmerling*

Neckarelz, 19. März 1998

Liebe Leser,

Über zehn Jahre sind es her, als ich meinen ersten
Gedicht- und Prosaband vorstellte.
Ich hatte geglaubt, in kürzerer Zeit einen zweiten Band
herausbringen zu können und auch daran gearbeitet.
Ein Textabsturz im Computer hatte mir nach
einwöchiger Schreibarbeit den Mut und die Lust
verdorben.
Was so schön begonnen hatte, wurde für mich durch
den Computer zum Horror.

Durch die Umstellung unseres bis dahin reinen
Erzeugerbetriebes zum Selbstvermarkterbetrieb, wurde
die Zeit zu schreiben immer knapper, Hobbys mußten
hinten anstehen.
Und trotzdem sammelte sich Material das drängte,
veröffentlicht zu werden. Auf meine Bitte hin erklärte
sich meine Tochter Ulrike, die als Leiterin eines großen
Kindergartens ebenfalls ausgelastet ist, bereit, ihre
Computererfahrung und flinken Finger einzusetzen. Ich
glaube, daß sich unsere gemeinsame Anstrengung
gelohnt hat.

Alois Ihle

Iwwas Dengge un 's Dichde

September 1990

Anmerkung:

Der folgende Text führt den Leser »iwwas dengge un 's dichde« hin zu Gedanken über »die billischd Hungakur wu 's gibd«. Weiter erfährt er, was ein »Schwademuredelirium« ist und wie man in Indien »Russisch Roulette« spielen kann. Bitte machen Sie sich auf einige lesenswerte und interessante Gedankensprünge gefaßt!

Monchmool werri gfroogd, wonn i dess Zeigs alles schreiwe deed; awwa dess isch schlechd zu beondwodde.

Em Fernseha isch ledschd e Sendung kumme, do hewwe si behaubd, dengge un dichde keend ma grad em Müsischgong. – Wie wonn mir Bauere un Winza Zeid heede zum Müsischgong.

Der Peda Hondge, oona vunn denne moderne Dichdafirschd, der deed en soim schbonnische Dommiziel imma um 's Schdäddl rumlaafe.

Doo keenda erschd rischdisch dengge.

Müsisch wär dess, vunn Muse – longsom droddle un doodebei beim laafe dengge odda beim dengge laafe.

Awwa dess isch doch schunn widda Ärwed, dess isch doch nedd müsisch.

Geh, wonn beim dengge a noch laafe sosch!

Ooweds vielleichd? – A do konnsch' doch nedd dengge wond mied bisch wie en Hund, – de Fernseha blärrd, 's Tellefoon bimmld alle väddl Schdund, – d' Fraa odda d' Kinna wolle ebbes wisse; do konnsch nix mee dengge, do konnsch' hegschdens ebbes wu d' schunn gedenggd hosch uffschreiwe, musch awwa rechdzeidisch uffheere, sunschd merigsch em onnare Morje, dass fünf »D«, drei »E« un noch e paar onnare Buschdaawe feele – was sou

e scheiß Buschdeewl ausmache konn; wonn zum
Beischbiel e »D« vor e »F« odda e »O« vor e »I«
dooschdeed.

»Em Winda beim Wengadschneide«, hodd heid oona
gmoond, do keend ma´s mool vasuche, ´s Dengge; awwa
wie soll ma do dengge, wonn ma en de Minudd oon
Rebschdogg fäddisch hawwe soll – uffbasse musch doo–
uffbasse.

Monchmool, wonn i sou elloo em Wengad schdee un
oona um de onnare dschoggd vorbei, denggi: »Wonn
die ebbes schaffe deede, breechde si nedd em hellichde
Daag do rumrenne un d´ Zung raushengge, awwa
dengge, – dengge dunne die bschdimmd nedd.«

Em Urlaub keensch vielleichd dengge? – A wonn mach
iesch emool Urlaub?

En de Kur hawwi gmoond, do keend i gonz gwiß
dengge un habb d´ Schreibmaschin midgnumme. O
Godd, dess war jo noch schlimma wie schaffe –, do
wärd ma de gonz Daag rumgschaichd, vunn oom Termin
zum onnare. Heed ma donn wirglich emool e paar
Minudde Zeid, donn schdeed schunn widda oona vunn
denne Midkura vor de Dier un will doo odda dord noo.
Un Ooweds? – Fa was hodd´s donn zwuu Sorde Leid?
Danze – danze, – widda nix mimm dengge!

En Indie wär i gwessd, do heedi doch bschdimmd Zeid
khadd zum dengge, – heedschdeles, dess war jo noch
schlimma. Do konn dass bassiere, dass wonn d´ widda
hoomkummsch, em Schwarzweißfernseha d´ Bilda en
farwisch siesch un wonn d´ nachds uffwachsch gonz
dabbed en de Gejend rumguggsch un nimmi waasch
wud´ bisch.

Awwa oons konni saare, en Indie konnsch die
billigschd Hungakur mache wu´s gibd.
Morjeds Reis, middaags Reis, ooweds Reis. En d´
Cörrisoß, – onnari gibds nedd, konnsch´ Schauflweis
dess scharfe Zeigs finne. Do ischs donn em beschde, du
ernährsch die wied´ Affe: Banoone – Banoone –
Banoone!
Un donn koon Alkohol, dess soll guud soi ford´ Lewwa,
wonn ma sisch nedd onnaweilisch ebbes oifengd
(Hepatitis un ähnliches).
Hajo gibds Bier un Schnabbs; beim Schnabbs waasch
nedd ob´s iwwaleebsch un ´s Bier isch e Brie, e Brie sag
i aisch – un sechs Marrig d´ Flasch. Wonn d´ donn
iwwaleegsch, dass wonn d´ leebsch wie en Inda, e gonzi
Woch mid demm Geld auskummsch un en Inda sogar
vier Woche, donn lesch´s Bier Bier soi.
Do konnsch´ daadsechlich ens Schwademaredelirium
kumme.
Schwademaredelirium? – Was dess isch?

Do war en Malscheberja zu B´such in Konnada beim
Bruda un de Schweschda.
E halbs Johr deeda driwwe bleiwe hodd de Ferdel
gmoond, , wua abgriggd isch.
Noch zwee Muuned, korz vorrem Herbschd schdeed
bledzlich moin Ferdel em Houf.
»Jesus wu kummsch donn heer, hewwe si Di fordgjagd
en Konnada?«
»Hald ´s Maul – Hosch gschlachd?«–
»Do heedsch graad zwee Deeg frija kumme messe«. –
Zwuu Schdund hodds gedauad, donn hawwi gsaad:
»Ferdel, ´s Worschdgarn, gell, dess konnsch ruisch
ligge losse!«
»Sou bebbeds Weisbrood heede si khadd, Doosefuuda
un vor allem koin Woi«, hodda gjommad. Nachds
heeda vunn unsam guude Schwademare gedroomd, vum

Woi unne me guude Schdiggl Brood.«
Sou isch 's mir a faschd gonge; do kausch en denne
grumme Banoone rum un dehoom henggd de
scheenschde Schwademare em Raachheisl.
Als ma mool noch drei Woche vunn de ägybdische
Hamml un Kameltepf vunn Fronkford Richdung
Hoomed gfahre senn, hawwi moi Nochbarn gfroogd:
»Sag mool Lione, uff was hosch donn glischde wond´
hoomkummsch?«
Sechd si: »Leuunaworschd, en gonze Ring.«
»O Godd«, hawwi gedenggd. »Derre gehds genau sou
wie mir.«

En Indie ischs warm, – offd saggrisch warm un ebbes
muß ma jo dringge. – Also Tee.
Abgekochds Wassa odda du dusch Desinfiziertabledde
ens Wassa (brrr).
Awwa wonn du dohoggsch mid Dorschd un hosch koo
Feija odda die Hausfraa kochd graad de Reis uff de
onzischde Kochschdell, fa die si grad mid Mieh un Nood
´s Holz zommegebrochd hodd, – koon Tee uffzudreiwe
isch? Donn hoggsch vor doim Glas mid kaldem Wassa
un iwwaleegschda: endwedda henggsch weidahin doi
Zung raus, odda du schbielsch »Russisch Roulette« un
denggsch: endwedda du grigsch si, odda du grigsch si
nedd. Wonnd si grigsch, donn konnsch sogar en oom
Daag sechs Pfund abnemme.
Dess isch zee mool schlimma wie wonn zwee Lidda
Rissa dringsch.

Do hodd sou en Inda behaubd, er heed zwische
Bengalore un Mysore en Claime mid Rubine. Er deed
uns em drei middaags abholle zum Rubineglopfe.
Zu dridd schdeene ma em drei vorrem Hodell mimm
Geologehämmale un mid de Kommeraausrischdung. Der
Dunnawedda kummd nedd bei. Der Dorschd bloogd,–

iesch geh end´ Bar un dringg e Lemon-Soda. Der
Barmixa schmeißd e Hondvoll Eiswerfl noi -.
´s Audo kummd – »Jesus mir wärds iwwl!«
Zum Gligg fahre ma erschd en soi »factory« wu die
Rubine gseegd un gschliffe werre.
Iesch bin grad so rischdisch schee en moim Ellemend
mid moim Magrotele, do fährds mir durch de Bauch
wie en Blidz – »Jesus!«

En Sondschdoodroug ennem Neeweraum mid emme
Loch em onnare End isch moi Reddung. Was forren
Luxus. Em Egg en Wassahoone un en Becha zum
.... – unerreichbar.
»O Godd dudd dess guud – Jeesus ich laaf aus!«
Iesch schrei: »Michl bring ma moi Babbier«, – dess
muß ma nemlich imma debeihawwe.
De Michl mechd die Dier uff un schmeißd die
Babbierroll en´s gleiche Egg . – »Sagradee, Du siesch
doch, dass i nedd uffschdee konn!« De Michl knalld d´
Dier zu.
Hoom, nix wie hoom en´s Hodell. Mid moine ledschde
Kräfd schwongg i donn aus em Audo raus Richdung
Hodell.
De Reschd vunn unsam Clubb schdeigd grad aus em
Bus.
»Die Madhilde, – suchd ma die Madhilde«, konn i grad
noch lalle. Die Madhilde isch Gronggeschweschda.
Mensch hodd die sich gfraid, dass si emool e Opfa
gfunne hodd.
Imodium un onnare Tabledde – drei Heffe Tee, Bauch-
un Waadewiggl. – Mid emme Zepfl kummd si o. –
»Doo, dess drigsch da noi.« – Iesch konn moi Ärm nedd
lupfe.
Also driggd si a noch dess Zepfl noi. – »O Godd iesch
schderb – moi armi Fraa.«
Heid Middaag vorrem Abfahre hawwi ´re erschd e

Kaad gschriwwe, volla Obdimismus.

*Unn jedzd? Jedzd werri noch vor derre scheene Kaad
dehoom soi – liejend, konn nedd emool die Reaktion
erleewe. Voll Zärtlichkeid un Hoomweh hawwi
gschriwwe: »I love you« – sunschd nix. Dess isch korz
un bindisch, sechd alles un außadeem brauchd ma nix
debei zu dengge.*

*Moi Fraa behaubd heid noch, die Kaad wär nie dehoom
ookumme. Doodebei hawwi ma unnam schderwe
gschwoore, wonn i gonz hoomkumm dunni si oiroome,
nedd 's Bild noch vonne noo – 's »I love you«!*

*Seid dord hawwi koi Kaad mee hoomgschriwwe. Do
gibd ma sich die greeschd Mieh un die Banause mache
die Briefmarigg widda runna un vakaafe si nochemool.
Un dribble uff oom soine Gfiehle rumm.*

Wonn sou e Sach erlebd hosch, donn fengsch o zu
dengge, – kummsch ens noochdengge, ens simmliere.
Dess isch grad die leichd Version, wonns ebbes werre
soll musch dengge, – dengge biss 's weh dudd. En
demm Pungd musch donn uffheere zu schaffe odda
rumzudabbe, – sunschd konn dass bassiere, daß ebbes
vakerd schaffsch odda daß ebbes varreggd. Odda daß d´
wu noodabbsch wu d´ gaaned noogwodd hosch un
bledzlich gaanimmi waasch wud bisch.

Donn musch widda uffheere zu dengge un schaffe,
schaffe bis´ weh dudd.

Durchs
Weinjahr

Wein ist Leben

Wein ist Leben
Wein ist Brot
Wein schenkt Freude
auch in Not
Wein schenkt Lachen
Lebensglück
Wein bringt Jugend
Dir zurück
Wein ist Labsal
Elixier
Wein bringt Liebe, Lust
Pläsier
Wein ist mehr als nur
Getränk
Wein ist Glaube,
ist Geschenk

Genesis

Als Gott dereinst auf Erden war
da nahm er just kein Rebblatt wahr.

So schuf er mit geschickten Händen
den Rebstock aus des Stieres Lenden.

Das Blut gebar den roten Saft
das Ungetüm, die schäumend Kraft.

Und dann schuf er dem Mann zur Seite
ein weiblich Wesen ihm zur Freude.

Er formte erst den Schoß, den Leib
und runde Brüste – seht ein Weib.

Und dann und nicht zu allerletzt,
schuf er den Durst und dann – ein Fest.

Was wär ein Fest schon ohne Wein,
was wär der Durst so ganz allein?

Rebenschnitt

Februar 1988

Einsam steh ich zwischen tausenden
Stöcken von Reben,

diesen Form gebend, lenkend – beschneidend
zu neuer Ernte.

Schneeflocken treiben aus Nordwest –
waagrechte Linien ziehend –
zwischen Drähten und Rebengeäst
wie Pfeile aus einer anderen Welt.

Lärm der Straßenschlacht dringt aus der Ferne
zu mir durch.

Einsam – ja einsam komm ich mir vor –
Gedanken müßte man fassen – Verse erdenken.

Zwischen aufreißenden Wolken –
ein silberner Vogel –
Menschen südwärts tragend –
der Sonne entgegen.

Träumen möchte ich von dieser Sonne –
von Wärme und Sand –
Gedanken formen –
Verse erdenken.

Bruchstückhaft nur –
kann es mir gelingen –
denn Reben und Knospen –
fordern den Geist und den Körper.

Friejohr

D´ Sunn kummd raus.
D´ Knoschbe schwelle;
d´ Palmketzlin blieje;
d´ Biene schwärme;
´s märzelt.

D´ Furchekemm driggle;
de Bodde wärd brosslich.
Morje kenne ma oischbanne -
Hawwa säje.
Ball schreit de Guggug.
´s wärd Friejohr.

Rewebluude

En alde Rewegnorzl
so kahl wie de Winda
schdeed en de Sunn.

Bledzlich en digge Dropfe
en zweide – en dridde.

D´ Rewe bluude
´s isch Friejohr.

Der Rebenklau

Jedes Frühjahr still und leise
geht er wieder auf die Reise.
Gräbt mal hier und gräbt mal da -
er nimmt rote und auch weiße.

Einmal fünfe und dort zehne -
kleine und auch größ´re Pflanzen
steckt er in sein´ Buckelranzen.

Reben, die mit Arbeit, Müh´und Liebe
eingepflanzet auf den Knien,
daß sie wohl gedeihen mögen
nach altem Brauch mit Gottes Segen.

Auch die kleinen, spitzen Pfählchen
kann er brauchen und auch Kettchen
und auch Netze himmelblau
braucht ein guter Rebenklau.

Wo wird es wohl den Weinberg geben
mit geklauten Pfählen, Reben?

Wenn im Herbst die
Trauben reifen
soll´n sie den Dieb
im Magen kneifen.
Und an einem stillen Ort
soll er sitzen immerfort.

Osterträume

Ostern 1988

Osterfreuden möchte ich erleben,
im grünen Gras mich wälzen –
mit Kindern und jungen Hunden.

Vogelgezwitscher möchte ich hören
aus blühenden Büschen.
Reben möchte ich sehen –
ihren steigenden Saft verblutend –
in wärmender Sonne.

Kinder möchte ich lachen hören –
sich balgend um farbige Ostereier –
und fröhliches Hundegekläff.

Auferstehung möchte ich feiern.
Die unseres Herrn –
          und der Natur.

Ostern

Eija färwe
Glogge leide
uff de Wiss die Kinna greische
Eija schmeiße um die Wedd,
uff em Feld e Hasekett.
Ma mond grad, die deede schbiele,
doch die schdreide sich um d´ Liewe.
Wer de Vadda werre derf,
vunn de viele Hasewerf.
En de Palmeketzlin summe d´ Biene,
d´ Erlebeem schdaawe
un d´ Grabbe dunne ihr Junge bediene.
De Dachs un de Fuchs
gonz hoimlich schleiche
aus ihrm Bau mit ihresgleiche.
´s Gras wärd grie, die Milchbisch blieje,
werre ma a genungg Eija grieje?
Vum Pfeddarich un vunn de Donde,
un a vunn onnare Vawonde?
E´ Neschdei kenne ma a noch färwe,
daß ma beim Schmeiße nedd
so viel Eija vaderwe.
Wonn mad d´ Naas heebd,
do riechd ma d´ Blume,
vorrausgsedzd, daß nedd so viel
Audos kumme.
Ouschdan isch, Ihr kennds jedzd glaawe,
ma konn a schunn em Gaade graawe.
Ouschdan isch´s.

Frühlingsgebet oder Morgengebet eines Bauern

22. Februar 1988

O Herr, Du schufst einst Mensch und Tier
und Früchte ...., Blumen uns zur Zier.

Du gabst uns Seele und Verstand
und sprachst: »Bebauet Flur und Land,
macht nutzbar euch der Erde Rund,
mit Fleiß und Arbeit, Stund um Stund.«

Von Selbstzerstörung sprachst Du nicht,
drum sei uns gnädig bei Gericht.

Laß uns Natur bewußt erleben,
daß ehrfuchrtsvoll wir ihr begegnen.

Zeig Wege uns, gib Zuversicht,
vergesse unsre Mühsal nicht.

So wollen wir uns redlich plagen,
in guten und in schlechten Tagen
und dankbar sein für all das Leben,
das Du uns schenktest, das wir geben.

Zwiegespräch im Frühling

Mai 1990

Die Blüte sprach zum Apfelbaum:
»Ich bin Dein Brautkleid, bin Dein Traum.
Ich geb mein Leben für Dich hin,
geb Deinem Leben Halt und Sinn.«

»Wenn Deine Schönheit kurz nur währt,
sie ist das Höchste und begehrt.
Sie ist´s, die mir die Früchte schenkt,
wofür ich lebe, was mich lenkt.«

»Wenn Du so alt und weise bist,
zeig mir das Leben wie es ist!«

»Ach Du, ich bin so alt und grau
sah viele Leben, werd nicht schlau.
Sah vieles welken und vergehn,
in Feuersglut und Asch verwehn.«

»Wenn Du vermoderst und verbrennst
was bleibt Dir da, wonach Du rennst?«

»Das Unsichtbare ist´s, der Geist
und auch die Tat − wie Du beweist.
Des Lebens Kern und auch sein Sinn,
ist mehr als Lust, Begier, Gewinn.«

En Maiedroom

23. Mai 1987

Godd isch dess e Maiewedda
deeglich Newwl, Reje, Käld
en Wonnemuuned soll dess soi?
Em Schwarzwald drowwe do dudds schneische,
dess bleede Wedda nemmd koo End.
Schdads die Sunn grad Rejewedda.
Geesch ens Freie, ′s Gnigg ziegsch oi.
D′ Bliemlin, Bliede dunne faule
′s dudd oom die gonz Luschd vagraule.
Dreedsch mimm Schuh end Wisse noi
leefd dass Wassa owwe noi.
Ens Bedd noi keend ma grad noch flieje
un droome uff erre Wies zu lieje:
unnam Apflboom voll Bliede,
em hohe Gras umschwärmd vunn Biene,
vunn Keffalin, Humml un Schmeddaling.
Enne me weiche Grashalm kaue. − − −
Umlulld vunn Wärm un Vogglschdimme
vum Zirbse, Summe. − Kuhgebimml.
Koin Audolärm − grad wie em Himml.
Dess wär en Mai. − Dess wär e Wedda.

Kirschblüten

1993

Der Wein stand Pate mir
als ich zur Feder griff.
So sitz ich unterm Kirschenbaum
und träum vor einem leeren Blatt.
Vom Weine will ich schreiben.
Ich greif zum Krug –.
Ein Vogel oben im Geäst
er trillert mir als wär ein Fest
so zwischen Blütenzweigen.
Doch plötzlich still –
und ohne viel Respekt
er einfach etwas fallen läßt –.
Das Blatt ist voll –
das Blatt ist voll –!
Dem Wein kann ich mich jetzt
ergeben –!

Vadrießlich

August 1987

Ma konn dess drehe wie ma will
dudds Wedda mid, isch alles schdill.

Doch kummd´s emool em Iwwafluß,
donn wärd oom alles zumVadruß.

Kaum isch´s emool en Daag long schee,
schunn glaabd ma, sou bleibds jedzd beschdee.

Die Hoffnung muß ma schnell begraawe –
schunn widda bladschd´ s, ma sood´s nedd glaawe.

Ma griwwld rum un mechd sich Sorje
»Hodd donn die Weld ihr Gleichgwichd valoore?«

Der »Lehr« hodd rechd, ´s wärd schunn sou soi -
mir broggle uns viel selwa oi.

Un was wärd donn erschd bassiere
wonns d´ Kern, schdads schbalde fussioniere?

Zu Rudolf Lehrs Gedicht »Wonns Wedda varrickt spielt«

Junitage

1993

Sonne, Wind und Hitze
herbe süße Düfte
Hollunderblüten, Heuenduft
Jasmin und Flieder, Lindenblütenluft
Rebenblüt in voller Pracht
es ist als wär ein Jahr erwacht
mit allen seinen Wundern.

Ich saug die Luft in meine hungrige Lunge.

Sommerabend

August 1990

Die Sonn steht schräg am Horizont
ihr Tagwerk ist vollbracht.
Es lechzen Blätter, Wald und Frucht
nach Kühle, Tau und Regenfracht.
Manch Gräslein starb den durstgen Tod,
manch Busch und Baum an Wassers Not.

Herr schick uns endlich Regen,
dann wird die Sonn zum Segen.

Zeichnung nach einem Foto von A. Ihle

Hundstage

August 1990

Dösend sitz ich am Feldesrand
im Schatten von goldenen Ähren.
Kein Lufthauch spür ich,
die Sonn brennt erbarmungslos nieder.

Es flimmert vor meinem schweifenden Blick,
als tanzten Elfen und Feen.
Ein Vogel zieht über mir Kreise.

Grillen zirpen mit dem Knistern
der Frucht im Duett.
Ich träum von vergangenen Tagen.
Ich träum von Schnittern im Morgentau
vom Zischen und Takt der schneidenden Reffe.
Von Frauen und Kindern
und fröhlichen und neckenden Rufen.
Vom Klappern des Steins auf der Sense.

Ein Brummen hebt an am Wegesrand
ein Monster von Technik und Eisen.
Es wühlt sich mit Staub durch die Erntefracht,
vorbei sind Idylle und Träume.

Blumen und Blüten

Blumen im Garten
in freier Natur,
Frühlingsboten,
Kompositionen in Farbe und Licht.

Das Auge entzückend.
Zum Verweilen ladend.
Sinne betörend.
Nahrung spendend.

Hände animierend,
zum Formen und Bannen
die äußere Schönheit.

Wunder der Schöpfung
Geheimnis von Zeugung
und Leben.

Frieherbschd

Rejewedda, Morjenewwl
Schwalwe geene, d´ Schdaare kumme
´d Biene un a d´ Wefze summe
d´ Sunn lessd effdas uff sich waade
d´ Fraa hoggd deeglich en ihrm Gaade
bei Kadoffl un Tomade
d´ Frichde ernde vunn demm Johr.

Zwiwwl, Sellarich un Gelariewe,
Graud un Laach un roude Riewe,
d´ ledschde Himbeer, Brumbeer zopfe.

Un mir Winza dunne beede:
»Herr, jedzd ischs genungg mimm Seeje
d´ Sunn soll kumme, nimmi Reeje.«

Sou wie dord vor drei vier Woche,
solle d´ Drauwe widda koche.

Denn dord hewwe mir geflehd:
»Herr, won´s endlich reere deed!

D´ Drauwe dunne sunschd vahudzle,
d´ Bledda en de Sunn vabrudzle.«

Doch mimm Naß ischs jedzd zuviel
sunschd vafaule d´ Drauwe, d´ Schdiel.

»Wons en guude Woi soll werre,
Herr musch d´ Drauwe widda derre!«

De O.B. hodd recht

E Faß Woi fiehrt Mensche zomme.
Es muß nedd grad e Fessl soi;
offd longe a o odda zwaa fädl Woi.

Mir sitze mid Freunde un schlotze un dringge
un dunne manchmool de Woikenischin wingge.
Mir babble un schwetze.

Iesch sag zu meim Freund: »Do gugg emool niwwa,
do hoggd Doin Vadda un guggd imma riwwa.«
»Iesch kenn denn nedd«, flischdad der mir ens Ohr.
»Iesch hab nimmi gschwetzt mid dem zwanzisch Johr.«
Mir dringge un schwetze!
»Jetzt reiß Di mool zomme un gugg noch doim Alde;
er isch ald worre un hodd´s G´sicht volla Falde.«

Mir dringge un babble un schunggle em Takt
uff omool secht moim Freund soi Fräle:
»Jetzt hewwe sie´s gepackt!«
Mir sehe zwaa strahlende un frehliche G´sichda.
Mir dringge un schwetze.

»Sou, un jetzt gehsch Du un sechsch a emool: Vadda.«
Un e weil druff sehe ma drei frehliche G´sichda.
Mir dringge un schunggle.

Uff emool kummd en Kerl wie en Boom.
Es isch soin Enkl, – iesch glaab, iesch droom!
Ma muß dess mool erleewe,
wie en Groußvadda ´s erschde mool soin 20-jährische
Enkl dud heewe!

Jetzt sehe ma vier frehlische un gligglische G´sichda.
Sie strahle un schwetze.

Dess isch de Beweis:
De O.B. hodd recht.
Un dess isch die scheenschd Gschichd vum ganze
Feschd.

Der Weinschlauch

Kerwe 1991
zur Skulptur vor dem Rauenberger Pfarrzentrum

Ein Mann steht hier am vollen Faß
er zieht am Schlauch das köstlich Naß.

Er steht gebeugt, als wolle er
dem Wein bezeugen seine Ehr.

Ganz tief hinab muß er zum Boden
denn Wein, der fließt mal nicht nach oben.

Als drückten ihn des Jahres Sorgen
die auch im Fasse sind verborgen.

Hinab zum Lebenselixier
trinkt man mit Maßen und Pläsier.

Ins Glas soll jetzt der Tropfen rinnen
er soll Genuß und Frohsinn bringen.

De Woischdeesa

September 1983

De Hoina. – Fufzisch, Junggesell,
isch wonns e Feschd gibd, gern zur Schdell.
Er dringgd do grad nedd allzuviel
un wonna gnungg hodd, wärdda schdill.

Donn schleischd er sich mid Hoimlichkeid,
obs Feschdl noh isch odda waid.

Sou war dess a beim »Woi un Margd«:
Denn Hoina bloogd soi Blesl arg,
die Fieß, die werre imma runda,
die Bilda vor ihm imma bunda.

Ko Woiglas konn en jedzd me logge
er mechd sich hoimlich uff soi Sogge.

Sechs Kilomeda nuff un nunna,
do wärd ma widda gloor un munna.

Doch schunn beim erschde Kilomeda
do denggd der alde Schwereneda:

»Dess ziegd sich doch gonz schee end Leng«,
die Schridd, die werre korz un eng.

Do siehd er ennare Hauswond lehne
en Schdeesa schdee, der »fünf mol zehne«.

Ko Voddabrems, koo Lichd dess brennd,
ko Klingl, d´ Schudzblech abgedrennd.

Er drehd sich dreimol jedzd em Kreis
un schwingd sich hoddisch uff die Geis.

De Hoina dribbld schnell un schwidzd
de Buggl nuff un denggd vaschmidzd:
»Dem Schdeesa drauad nimmond nooch
un iesch bin schnell dehoom — heb Schloof.«

Oi Ordschafd schaffda gonz gewidzd,
doch jedzd wärd´s dunggl, »ei vaflixd«.

En Fußweg soll die Reddung soi
der Woi der wirgd, er dribbld noi.

Doch bledzlich grachds, en dumpfe Schlag,
de Hoina felld jedzd vunn soim Rad.
»Du Debb, bass uff«, schreid´s newa ihm.
»Dess gild a Dir«, schreid Hoina schnell:
»Heedsch Du geguggd, donn heedsch koo Dell!«

De Schdeesa, er, de dridd em Bunde,
der hodd dess hoddisch iwwawunde.
Er, der schunn ald un kompferbroobd,
der freid sich, wie es um ihn doobd.

Noch demm Duell un Kompfgeschrei,
do lengge all zwee gonz schnell oi.

De Hoina, schbordlisch, wie er isch,
der isch demm Hendl glei endwischd.
Uffs Reddl nuff un nix wie hoom -
vielleichd war´s morje grad en Droom.

Dess Hoinas Vadda, Kunnarad,
der siehd schunn morjeds frieh dess Rad.
»Hoinz gugg mol aus demm Fenschda naus,
do siehd´s noch Fahraddiebschdahl aus!«

De Hoina schnallds, drodz schwerem Kopf:

»Vorrem Houf do hawwis geschdan gfunne
un hab mi donn glei iwwawunne,
dess Reddl en de Houf roigschdelld,
daß niemond nachds do driwwafelld.«

De Kunnarad, wie schdeeds korreggd,
will roine Disch un moond erregd:
»Dess muß ma glei em Roodhaus melde.«
»Donn melds mol schee«, mond Hoina schlau,
»schunsch mond der noch, iesch heeds geklaud.«

Em runde Disch, noch zwuu drei Woche,
do wärd so allahond beschbroche.
Mol iwwa Polidig un wer mid wemm,
Dorfgladsch, un sou monsch Problem.

De Kalle, der mid demm Tupee,
der mond »heid wär es nimmi schee,
was ma nedd obinnd, wärd geklaud,
sogar moin alde Fahradbogg
war ooweds mol gonz oofach ford.«

De Hoina schduzd, ihm demmads schunn.
»Gibds do vielleichd a Findalohn?
Iesch konn dess Reddl bei Dir dreiwe,
doch long wärds wohl e Rädsl bleiwe,
wie doin alde Schbeicheessl
uff Wiesloch kummd enns Herschwerdsgässl!«

Vielleichd

Dess grouße Feschd vum Woi isch rum,
vielleichd bleibd´s schee
vielleichd bleibd d´ Sunn.

Es war e laud´s, e fröhlichs Feschd
ma hodd viel gsunge un gezechd.

Vielleichd hodd a so moncha »Junge«
soi Gligg, e Fraa for´s Leewe gfunne.

Vielleichd hodd a so moncha Zecha
behudsom g´howe mol soin Becha
un hodd mol driwwa nochgedenggd
was Woi so isch, was er uns schenggd.
Dess isch e Johr voll Hoffnung, Sorje;
doch monchem bleibd dess gonz vaborje.
Doch a viel Fraid isch drin un Gottes Seeje.

Vielleichd isch´s dess? Un doodeweje
konn grad de Woi uns sou viel gewwe.
Vielleichd sieht´s a de Petrus oi,
schenggd uns en scheene Herbschd
en guude Woi?

's Woischiff

Mundartpreis 1990

Wonn da jedz Woischiff heerd odda leesd, donn
wärdda beschdimmd enne Schiff dengge uff em Roi
odda uff em Negga, wu Woi glaade hodd odda enne
Schiff wu Leid druff hogge, vielleichd Ausfliegla wu
Woi dringge.

Awwa do hedda eisch gladd varechld.

E Schiff dess hodd frija jeda Haushald ghadd, awwa
schdadds dass dess em Wassa, ennare Bach, em Roi odda
em Negga glere isch, war dess e Schiff wu's Wassa inne
drinn gwessd isch.

Also gell, sou schnell konn ma vagesse!

Dess war noch zu derre Zeid, als ma noch en de Kiche
mid Holz un Koule de Härd gheizd hodd.

Un ewe en denne Kichehärd war seidlich, dord wu's
Kominrohr rauskummd, en lenglische, oiglossene
Behelda mid emme Deggl druff. En demm Behelda war
imma Wassa drinn, daß ma warm Wassa khadd hodd,
sozusaare de Wassabaila. Wassa zum wesche, Wassa zum
rassiere, Wassa zum Daig mache, Wassa zum Saufuda
oriere un Wassa zum ooweds 's Beddfleschl fille.

Jedzd kummds: – dess war dess Schiff.

Awwa a allehond Sache hodd ma uff un in demm Schiff
wärme kenne. Zum Beischbiel 's Mehl mimm Sauadaig,
nochem oimehre, d´ Schobbeflasch fad gloone Kinna,
awwa a de Woi odda de Moschdhaffe vum Vadda odda
Groußvadda hodd ma do noi hengge kenne.

Dess isch nemlich sou, die alde Wengada odda

Woischlodza, die jeden Daag ihr zwee drei Rudscha Woi
gedrungge hewwe, die hewwe denn vorrem Veschbare
imma ogwärmd.

Un sou ischs hald emool demm Wendl (iesch daaf en
jedzd hald emool sou, wie er wirglich ghase hodd
bleibd jo gleich) bassierd, dass em soin Woihaffe em
Schiff umgekibbd isch.

Die gonz Budscher ens Wassa.

»Nedd valoore, nedd valoore«, schreid do druff de
Wendl, nochdem er vunn soinare Fraa mid der
Bezeichnung »Rindvieh« un »Hornochs« betiddulierd
worre isch, »donn dringge ma hald dess Wassa mid.«

Herbststimmung

September 1993

Ist´s Herbst und Du hast nichts im Sinn
so leg Dich unterm Rebstock hin.

Die Trauben stehn Dir ins Gesicht
und unter Dir ein Mäuserich.

Siehst Du wie Licht das Laub durchdringt?
Und Schattenspiel die Zeit bezwingt?

Du siehst die Frucht ganz schwer voll Saft
und ahnst die Süß, die Lust, die Kraft.

Laß auch des Alltags Sorgen jetzt
und feier mit Natur ein Fest!

Schlidzohre

September 1990

De Fritz un de Sebbl, zwee Brieda, hewwe midnonna
Woi gekeldad, dreihunnad Lidda Riesling hodds gewwe.
»Jesses Sebbl, mir hewwe jo grad o Faß«, mond de
Fritz. – »Wie vadaale ma donn denn Woi?«
De Sebbl denggd eweil driwwa nooch. »Ha woisch was,
mir mache en de Midd vum Faß en zwaide Hoone noi,
de oone loosd donn owwe, de onnarre unne.«
»Helzl zieje, Helzl zieje«, mond de Fritz. »Guud, guud«,
de Sebbl. »Ziegsch du´s longe, donn binn iesch unne,
zieg iesch´s longe, donn bisch Du owwe.« Alle zwai
senn zufriede. E Woile isch dess worre – e Woile.
Noch emme väddl Johr: »Herrgodd saggra, Sebbl, moi
guuds Woile isch schunn all, – hosch Du noch?«
»Du Simbl, i habb dass jo glei gsaad, Du saufsch zu
viel!«

Der Zechpreller

September 1990

E Schlidzohr hoggd en de Wärdschafd vorre me väddl
Woi. Wie ers dreiväddls gedrungge khadd hodd rufd er
de Kellnarin: »Hallo Froilein, en moim Woi do hoggd e´
Mugg drinn, iesch konn denn nimmi dringge.«
»Si grieje e onnas«, beruischd si ihn. Die Zermonie
mechda e zweids mool. Also hodda faschd drei Väddl, –
oons bezahlda grad. Donn gehda.
De Nochba vum onnare Disch: »Endschuldische Si
mich, keende Si mir dess Miggl a emool leehne?«

De Beddkiddl

Oktober 1990

Es war emool zur Rissazeid
do hoggd ma zomme, schwedzd mid de Leid.
Dringgd a emool mee als fa de Dorschd
wies hoomwärds gehd isch oom e Worschd.

De Sebbl, der hodd allzusehr
ens Glas geguggd, dess umsomehr
er graad zee Sailin hodd vascherwld.
Was scheerd en doo die Fraa un alle Iwwl
er bleibd beim Rissa un de Zwiwwl.

Ma dringgd un schwedzd
ma schwedzd un dringgd.
Dess tückische beim Rissa isch
ma mergd nedd, dass ma bsoffe sich.
Beim uffschdee, konns oom donn bassiere,
ma dudd dess Gleichgewichd valliere.

De Sebbl schleichd uff alle Viere
drei Haisa weida, suchd soi Diere – .
»Hick – hick«
De Sebbl find mid Nood un Mieh
die Schdalldier, – griechd zum Borschdevieh.
Er schbierd die Wärm un kuschld sich –
»Hick – dudd dess guud – , wonn endlich bei doim
Frääle ligsch!«
Er fummld rumm – , denggd volla Schdolz: –
»Moi Fiensche hodd noch gonz schee schdrommes
Holz – .«

Die Sau, die droomd vum Muddagligg
un glaabd, es wär ihr gonzi Kinnaschaar zurigg.

De Sebbl fummld ruff un runna –
doch oons dess will em gaanedd nunna –
»Hick – Fiensche, saag zum Dunnaliddl:
seid wonn hosch Du – hick – zwuu Raij Knepf em
Kiddl?«

Schenkt ein den Wein

1993

Der Herbst steht gut,
der Trauben Pracht
bringt süßen edlen Wein.

Laßt fröhlich zechen uns
und singen
und freudig dankbar sein.

Schenkt ein den Wein –
schenkt ein – schenkt ein –

´s Wiimigli

November 1988

»E Wiimiggli«, greischd moi Gejeniwwa,
iesch dengg: »Was will dess Frauezimma?« -
»E Wii – ?«

»Em Wii do hoggd e Miggli drinne!«
heer iesch erneud die Frauenschdimme.

Jedzd demmads mir – ´s isch allemonnisch,
nedd pfälzisch un nedd unnabadisch.

»E Woimugg«, haasd bei uns dess Vieh,
doch uune Brill seh iesch dess nie.

E Lubb muß her – mir gugge noi,
do seh iesch donn dess Vieh em Woi.

Zwaa grouße Aare seh iesch do,
grad sou als glodzd en Frosch miesch o.

Iesch glodz jedzd noi – die Mugg glodzd raus.
Wie loggsch dess liewe Vieh vum Woi bloß naus?

Der Dorschd der bloogd miesch – Sabbalodd!
Zur Tat – denn guude Woi schidd iesch nedd ford.

»Jedzd häsch«, – mond jedzd moi Viesavie –
»de Schungge glie debie zum Wii.«

De Kerwekuche

Oktober 1992

Es war zu derre Zeid, als noch 90% vunn de
Bevelgarung in de Derfa Selbschdvasorja gwessd sen,
also vor 1950. Faschd jedi Familie hodd noch e Eggale
odda zwaa oigebaud. Gedreide fors Brood, fors Saile,
ford Hiehna. Kadoffl, Graud un onnas Gmies em
Graudgaade.
Graudgaade ware en de Näh vum Dorf un senn vunn de
Gemoinde sou wies Gobholz jedem oigedrarene Birja
zugedaald worre.
Die Grundvasorjung mid Lebensmiddl war sou
sichagschdelld.
Hondwerja, Händla, Schullehra un sogar de Pfarre
hewwe noch neweher Londwirdschafd gedriwwe.
´s Brood isch vum eigene selbschderzeigde Mehl
gebagge worre.
De Daig hodd ma dehoom mid Sauadaig oigmeerd, em
onnare Morje gegneed, end´ Backnepf gsedzd, donn zu
erre vorher ausgmachde Zeid zum Begga gekarrd un
dord gebagge. Unna de Woch hodd ma Brood un
somsdaags Kuche un Berches, dess isch Weisbrood mid
Kadoffl, gebagge.

Jedzd awwa, vor de Kerwe, isch Freidaags schu Kuche
gebagge worre, nedd oona odda zwuu, sondan je noch
greeß vunn de Familie un de Vawondschafd, zee odda
zwonzisch Kuche.
Zwedschgekuche, Apflkuche, Bierekuche,
Riwweleskuche, Zwiwwlkuche, Laachkuche,
Muuskuche un en Gronz.

Es isch Kerwesomsdaagsmorje, korz vor zwelfe: ´s
Karlsche un de digge Paul, zwee Nochbasbuuwe un
unzadrennliche Freund, schbiele uff de Schdrooß

»Rääfls«. »Rääfls schbiele« war zu derre Zeid grouß en
Mode. Ma hodd doodebei en dinne Eiseraaf aus
Rundeise odda en Raaf vunn emme Zuwwa odda e aldi
Fahrradfelg mid em korze Schdogg zum Laafe gebrochd
un isch neewe her grennd, hodd denn Raaf em
Gleichgewichd ghalde un imma widda ogedriwwe. –

Karlsches Mudda rufd zum Fenschda raus: »Karlsche,
nemm de Paul mid un holl mool mimm Ziegwerrele de
Kuche beim Begga!«
´s Karlsche fraid sich: »Schdreißlkuche grubbe«,
signalisierds en soim Kopf.
»Kumm Paul, Kuche holle!«
Der lessd sich dess nedd zwaamool saare. – Mimm
Ziegwerrele gehd´s lous, ´s Karlsche sidzd em
Ziegwerrele un schdeijad, de Paul muß schiewe.
Eigendlich isch die Beggasfraa nedd grad sou guud zu
schbreche gwessd uff die zwee Schlingl. Si wolle ihr
meglischsd aus em Weg geh.
Sou mache si mool vorsichdisch ´s Houfdeerle uff,
gugge sich um un sondiere die Lag.
De Houf isch volla Kuche vum halwe Dorf:
Regale en de Wond, Bredda uff Begg, – alles isch volla
Kuche. – Niemond isch zu seje.
»Die esse Middaag«, mond de Paul.
Also schleiche si en de Houf un schdribse doo e
»Grischdl« un dord e »Grischdl«.
´s Karlsche siehds Hiehnaleedale, dess zum
Hiehnaschdall unnam Schopfe nuffgehd.
Die Hiehna hodd ma heid oigschberrd weje de Kuche.
E Keddl henggd iwware Roll zum Karlsche runna. Ma
konn domid en Schiewa bediene un dess Hiehnahaisl uff
– odda zumache.
Vorsichdisch ziegd de Paul em Keddl un henggd dess
enneme Naggl oi. Die Hiehna gugge erschd e bissl
dumm, awwa donn mache si sich uff de Weg zum Houf.

´s Karlsche un de Paul schleiche sich schloinigschd
devu.

Noch em erschde Hausegg kummds em Karlsche:
»Saggra Paul, unsan Kuche schdeed jo noch em Houf!«
Also zurigg. –

Vorsichdisch mache si widda ´s Houfdeerle uff. –
»Jesses, siehds doo aus!«

De Giggl hoggd midde uffeme Quadradmeda
Zwiwwlkuche, fladdad gonz uffgreegd, scherrd en de
Zwiwwl un piggd mid Vagnieje d´ Schbeckbreggelin
vum Kuche:

»Goo, go, go, go, – goo, go, go, go.« –

Soi Hiehnaweiwa vafiere de roinschde Veidsdonz.

»O Godd, o Godd, – Fraa Begga, Fraa Begga, die Hiehna
senn raus!«

Die Beggan rennd leicheblaß aus de Dier, de Begga mid
soim Schdifd hinnenooch.

»Saggradee, sou e Scheiße!« -

Sie schaiche die Hiehna widda en de Schdall.

»Karlsche, Paul – seid ihr awwa braave Buuwe, daß ihr
awwa dess a glei gmerrigd hedd! – Gehd mid roi, ihr
derfd ens Gudslglas longe un jeda griggd e Marrig
Kerwegeld!«

Spätzünder

Nachdem der Sommer
uns ein Winter war,
nun solch ein Herbst
und solch ein Wein.
Die Sonne war´s,
die uns dies Wunder noch gebar.
Wir wollten alle schon verzagen,
Prognosen wollte keiner wagen.
Nun diese Pracht!
Die Trauben hingen süß und wuchtig,
das gibt ein Wein,
so frisch und fruchtig.
Aromareich wie wir ihn mögen,
dies ist fürwahr ein Gottessegen.

Die Budd

13. September 1992

»Guggd her es dudd!«
De Hoina drechd heid ´s erschd mool d´ Budd.
De Hoina schdeed mid braadem Fuß
weil er dess Gleichgwichd halde muß.
Vum Ooma kullare die Drauwe,
dess Gwichd dess driggd uff ´s Hoinas Dauwe.
De finfde Ooma! — »Jedzd musch hossle!«
die Drauwe fonge oo zu brossle.
Drei Beerlin mache sich jedzd frei —
un werre unnam Hemm zu Brei.
Die Budd isch voll — »Jedzd — Hoina ab!«
Der sedzd sich waggelisch en Drab.
»Ooma, Ooma!« schreid´s jedzd hinna mir,

dess Hoinas Drab mechd mir Blessier.
Er redded sich mid ledschda Krafd
zum Zuwwa noo – -
»Dess wär geschaffd!!
Grad jedzd fünf Schbrosse noch,
un donn -
die Drauwe schnell
hinoi en d´ Wonn.
Er greifd mid beide Hend de Zuwwa
»Gwichd mal Hebelkrafd, un freija Fall,
dess Zeigs muß raus, sunschd binn i all.«
Die Muschgl schbonne – !
Longsoom jedz noch vorne bigge
un donn en Rugg mimm grumme Rigge.
»Gleichgwichd mool Krafd!«
Jedzd hodd dess Gwichd
de Hoina gschaffd!
Em freie Fall, die Fieß end Lufd,
de Hoina mid de Budd end Grufd.
»Ei wu ischa donn, de Hoina,
– ei wu ischa donn?
Budd – Budd – Budd!«

Bacchantus

Mai 1992

Des Weines Kraft
will ich Dir zeigen
Den Wein mit Fröhlichkeit
und Reigen
Zum Sorgenbrecher wird er Dir
Zur Labsal und zum Elixier

Der Wein

Mai 1990

Den Frühling hab ich eingefangen,
im Faß
den Duft von vielen tausend Blüten.
Die Sonn des früchteschweren Sommers.

Siehst Du´s im Glase blinken?
Die Gottesgab!
Das Werk von vielen fleißigen Händen?
Von Schweiß – und Arbeitsmüh?

Bedacht und Andacht soll Dich leiten
und Ehrfurcht vor des Schöpfers Werk.

Genieß jetzt, laß die Müh vergessen
und lab Dich an der Gottesgab, dem Wein.

August 1988

Du schlürfst ihn mit kleinen
dosierenden Schlucken –
Du prüfst mit der Nase –
kommst zum Entzücken.

Es rinnt Dir – das Tröpfchen
es wird Dir zur Wonne –
Du prüfst mit den Augen
und spürst sie – die Sonne.

Du spürst wie »SIE« wirkt –
wirst freier und froh –
Doch seh´ Deine Grenzen,
»SIE« lacht Dir nur so.

Droomareie beim Woi

Wonn ma sou uff emme Feschdl hoggd
un ab un zu enne me Väddl schlodzd,
do kummd ma monschmool doch ens droome –

Do hoggsch du rumm, wäsch ald un grumm
un vor dir renne junge, hibsche Medlin rum.
Do dudd dirs innalisch gonz weh
un's gribbld dir bis on de Zeh.

Iesch schdegg die Naas ens Woiglas noi
un dengg: »Fafliggsd noch mol,
keensch jedzd nedd a noch zwonzisch soi?«

Vasuch demm Woi soin Dufd zu grinde
un griwwl iwwa gloone Sinde –
wie's frija gwessd – , was soi heed kenne –

Was soll dess gonze Rummgefasl?
Was rumm isch, isch emool vorbei.

Nedd blooß dess Friejohr, 's gnaggisch Friegemies,
a demm Herbschd soi reife Frichd
senn richdisch fruchdisch un a sieß.
Do gibd 's junge Woi un Rissa
un herwe, dufdische, edle Dropfe –.

Iesch heb moi Glas – , seh d' Sunn drin funggle
un schbier, wie die a in mir wirgd –.
Iesch mach moi Aare zu un droom –,
daß a dess Alda Freude birgd.

Träumereien beim Wein

Bad Krozingen, 6. Juni 1987

Wenn ich die schönen Mädchen seh
dann tut es mir im Herzen weh,
daß ich nicht dreißig Jahre jünger
und so wie Rebenblütenduft
noch atme junge, frische Luft.

Doch fort ist die Vergangenheit
der Jugend Kraft, die schönste Zeit.

So sitz ich hier und träum beim Wein,
steck tief die Nas ins Glas hinein
und such den Duft des Weins zu gründen
und grüble über kleine Sünden –.

Was solls´ – auch Herbst hat viele Wonnen.
Der süßen Trauben junger schäumger Saft
und herbe, duft´ge edle Tropfen.
Ich heb das Glas und seh die Sonne funkeln
und spür wie sie auch in mir wirkt
ich schließ die Augen, – träum von Wonnen
die auch das Alter in sich birgt.

Spätlese

Gar köstlich kann »e Spätles« sein –
sowohl bei Frauen als beim Wein.
Bei Frauen ist ´s Erfahrung,
Charme und auch Routine –
beim Wein, ´s Aroma, d´ köstlich Süße.
´s Bukett soll stets sehr ausgeglichen,
bei Frauen das Gemüt so sein.
Und spritzigherb und mit Humor,
so stell ich mir die Frauen vor.
Und lieblich sollen beide sein
sowohl die Frauen als der Wein.
Doch zärtlich kann die Frau nur sein
und Liebe schenken.
Und wenig Wein kann beides lenken.
Wie schön kann doch »e Spätles« sein.

's Woinachdsgudsl

Weihnachten 1987

En jedem Johr zur Woinachdszeid,
wonns drauße reerd odda schneid,
do ziehd en sieße Dufd ums Haus,
un widd mool noi, konns soi, fliegsch raus.

Do wergld si – die Kinnamudda
mid Frichde, Mehl un Zugga, Budda.
Wonn d´ Gligg hosch, derfsch em Leffl schlegge
un kaue vunn de schwarze Egge.

Isch endlich donn mool Ruh em Haus,
schleichsch rum und suchsch
denn Gaumeschmaus.

»Wu hodd die blooß die Breedlin no?«
monsch selwa un glingd ´s dir em Ohr.
Dess gonze Haus wärd rumgedrehd, –
wonn d´ Fraa emool zum Oikaaf gehd.
Wu fengsch do o, wu härsch do uff … ?
Mool unnam un mool hinnam Bedd,
em Kella, Schbeicha, Apflbredd.
E Hundeschneizl sodsch do hawwe….,
do wärsch fariggd, ´s ísch koum zu glaawe.

Uff omool greife beide Hend –
dess Rumgesuch hodd jedzd e End.

Vier Deeg senns jedzd noch bis zum Feschd,
do schreid moi Fraa, die Allabeschd:
»Gehd all mool her un guggd end Schachdl noi!«
»Beruisch Diesch Fraa« – iesch sags mid Reu –
»Dess gonze Koores longd do noi!

Bleib schdill un mach doch jedzd koo Laier,
en Ouschdan, do gibds Ouschdaeija.«

»Iesch hab genaschd« – sou dunn ieschs beichde,
de Pfarre en soim Beichdschduhl reize.
»Waas – wieviel Breedlin?« – mond der Guude.
»E gonzi Schachdl voll mid drei vier Schnuude!«
»Em beschde schmeggd hald,
lehrt die Gschichd«,
mond schmunzelnd jedzd
dess himmlisch Schdroofgerichd,
»zu nasche vunn vaboddene Frischd!

Drei Vaddaunsa koschd Diesch jedzd der Schbass,
vum deeglisch Brod schdehd do was drinn
un nedd vom Nasch.«
»Waas ... ?« –
Iesch fieg miesch jedzd un droll miesch hoom.

Was riesch iesch doo –
isch dess en Droom?
Do wergld si, die Kinnamudda
mid Frichde,
Mehl un Zugga, Budda ...
Dess gonze gehd vunn vonne lous
un a: »Wu hodd die donn
die Schachdl blouß .. ?«
Doch wie die Glugg uff ihre Kicke,
sou hied si jedzd ihr Gudslschdigge.

Advent

Dezember 1988

Lichter leuchten in finsterer Nacht
Quellen der Liebe sind uns erwacht.

Hoffet und klopfet an Türen an,
ein Stern erleuchtet unsere Bahn.

Er strahlt und erwecket unsere Welt
zeigt uns, daß nur Liebe und Friede zählt.
Sterne erleuchten die finstere Nacht,
Gott hat die Botschaft der Liebe gebracht.

Öffnet die Herzen die Türen weit,
der Herr ist nahe, es ist Weihnachtszeit.

Gebet zum Ausglong

De ledschde Schlugg, dess Glas isch leer.
Es isch genungg vum goldene Safd,
e Sind wär dess, won's meena wer
Vergaidung vunn der himmlisch Sunnegrafd.

En froher Rund senn mir heid zommegsesse,
mir hewwe g'lacht un hewwe g'sunge,
gebabbld hewwe mir un 's Donzboo g'schwunge
un monchen Becher Woi gedrungge.

Herr, geb uns noch viel sou scheene Deeg
un loss die Zeid nedd gar so schnell vagee,
denn was mol g'wessd isch, kummd nie mee.

Die rinnd grad ford, die Zeid ...
die rinnd ... die rinnd ... -

Besinnung

Der letzte Schluck,
das Glas ist leer.
Es ist genug vom güldenen Saft,
und Sünde wär ´s, wenn ´s mehr noch wär
Vergeudung nur
all dieser himmlisch Sonnenkraft.

Begegnung war ´s in froher Runde,
es ward gelacht und auch gesungen
und manches lust´ge Garn gesponnen.

Herr, gib uns noch viel solche
schönen Tage
und laß die Zeit nur langsam rinnen,
man kann nicht mehr von vorn beginnen.
Sie rinnt, die Zeit ...
sie rinnt, sie rinnt ...

Drum hebt das Glas! ...

Menschliches —
allzu Menschliches

Heedsch un Deedsch

Silvester 1987/88

En unsam korze Erdeleewe
do gibds e Word, mid demm musch leewe.
Es isch sou gloo, dudd offd fruschdriere
un wonns nedd glaabsch,
dunn's mool brobiere.
De Monn, die Fraa – die Fraa, de Monn
un d' Kinna a so donn un wonn.

Dess fengd schunn o, wond' Kinna kumme,
heedsch uffgebassd,
heedsch d' Pill doch gnumme.

Un isch dess Gloone erschd mool do,
donn fengd de erschde Hendl o:
Heedschs oigelulld, donn deeds nedd schreie,
heedschs bessa gfiedad, deeds gedeie.

Heedschs drugged gleegd,
heedsch d' Windl gwechsld,
denn Schdingga raus,
mool Brei un mool gedrechseld.

Un konn dess Gloone erschd mool dengge,
donn dunne drei denn Fruschd sich schengge:
Heedsch meena gesse, heedsch koon Hunga,
wärsch frija nuff, keemsch enda runna.

Wärsch hoom ens Bedd, donn heedsch koon Schloof,
heedsch meena Gribs, wärsch nedd so doof.
Heedsch Du nedd g'hendld, heedsch koon Bletze
un d' House, 's Hemm nedd sou en Fedze.

Heedsch meena glernd, heedsch bessare Noode,
heedsch d´ Hend gwesche, sauwere Pfoode.
Heedsch ´s Raache glossd,
donn heedsch koon Huuschde,
vor allem deedsch Du nedd sou puuschde.

Heedsch nedd sou viel vum Woi gedrungge,
donn wärsch Du nedd sou schnell bedrungge.
Heedsch mool geguggd,
donn heedsch ´s a gfunne,
heedsch sechse rischdisch,
donn heedsch gwunne.

Heedsch Du mir g´horrischd,
heedsch ´s gmacht wie iesch:
sou gehds e Leewe long, bis ald Du bisch.
Donn denggsch,
heedsch dess un sell noch gmachd,
heedsch meena gleebd, heedsch meena glachd.

Der Kreis der schließd sich irgendwonn
un schunn haasd ´s widda:
heedsch uffgebassd ...

A »DEEDSCH« isch sou e g´fligglds Word,
Du brauchschs em Leewe hier un dord.
Friemorjeds fengd dess »deedsch« schu o,
heerd uff, wond ooweds ausschdreggsch d´ Boo.

Deedsch mir die Tass voll Kaffee schengge,
iesch breschd miesch donn nedd zu varrengge.
Deedsch ´s Brood mid Budda mir beschmiere,
iesch breschd donn nedd sou arrig bressiere.

Deedsch d´ Brief un d´ Zeidung bidde holle,
deedsch ´s Feschba mir noch zommerolle.

Deedsch ´s Audo mir vord Hausdier schdelle,
iesch breschd donn nedd sou schnell zu renne.

Deedsch Du vielleichd a frija koche,
iesch breschd donn nedd sou long moloche.
Deedsch Du mir mool moi Glas vollschengge,
iesch hab beim Woi was zu bedengge.

Deedsch Du heid mid demm Audo fahre,
iesch breschd beim Drinnge nedd zu schbaare.
Deedsch nedd sou viel vum Esse schwedze,
donn keend ieschs mir a mool vapedze.

Deedsch schdreichle miesch sou donn un wonn,
donn deed a iesch mid demm nedd schbarn.
Un deedsch en Kuss mir monchmool gewwe,
donn deeds bei mir a effdas schelle.

Deedsch Du mir a sou ab un zu
e liewes Word noch doodezu,
donn deedsch, dess konnsch mir ruisch glaawe,
viel meena Fraid em Leewe hawwe.

Familiebloonung

Vor e paar Johrzehnde hodd ma noch nix vunn
Empfängnißvahiedung odda Familiebloonung gwißd.
En Fernseha hodds doomols noch nedd gewwe. E
Kinnaschar vunn zeene, zwelfe war do gar koo
Seldenheid.

Wonn do emool e Familie grad oo odda zwaa Kinna
ghadd hodd, do isch em Dorf schu geduschld worre:
»Wie mache die dess blooß, daß die koo Kinna grieje?«
Odda: »Bei denne schdimmd ebbes nedd – !«
Die Vruni vunn de Gass zum Beischbiel hodd grad oo
Dochda ghadd.

E Heifl Weiwa schdeene beinonna un halde
Dorfgladsch: -

»Ou guggd emool, awwl kummd´ Vruni, heid muß die
uns emool varoode, wie die dess mache, daß si koi
Kinna mee grieje – hosch´s gheerd Vruni – varood uns
emool dess was Dir machd, daß nix mee bassierd bei
Eich?«

»Ha, dess isch gonz oofach, Ihr wißd doch, daß mir e
Schdrooßeladern vorrem Haus schdee hewwe!«

»A was hodd donn ´s Kinnagrieje mid de
Schdrooßeladern zu dou?«

»Schdrigge – gonz oofach schdrigge!« – »Ha ha ha –
schdrigge?«

»Iesch hogg mi ooweds ens Fenschda un schdrigg bis de
Alde oigschloofe isch. Wonna schnarrischd, leeri mi a
ens Bedd. Wonn i merig, dassa uffwachd, hogg i mi
schnell widda ens Fenschda un schdrigg weida – un
dess hald sou die gonz Nachd.«

»Mensch wonn ma doch a sou e Schdrooßeladern
vorrem Haus schdee heede!« heerd ma dodruff die
vaduddzde Gladschweiwa saifze.

Hausschdond

— odda wie mass geern heede odda heede deede —

Oktober 1990

E Kochheffele, e Werglholz, e Millichheffele, zee
Subbedella.
En Koddledglopfa, e Graudmaschindl, en Dooseeffna,
zee Veschbabreddlin.
E Liddablech, e Broodpfendl, e Woiheffele, zee
Kaffeetasse.
E Beddfleschl, e Gudslform, e Schbringalesmoddl, drei
Kuchebleche.
E Buddafessl, en Bodschomba, e schbidzischs Messale,
zee Eijabecha.

Dess alles hawwi!

E Haisl em griene, zwaa Kiehlin em Schdall,
e Saile zum Schlachde, en Haaseschdall.
En Wengad zum Schaffe, zee Kärschebeem,
e Bonk vorrem Haisl, do isch's gonz bequeem.
E Väddl zum Schlodze, e Weiwl em Bedd,
was will i noch mee em Leewensduedd.
Dess Leewe isch korz, mool dunggl un a mool
Sunneschoi,
iesch sidz uff moim Benggl un fraj mi em Woi.
»Kumm Frääle, sidz her un ruhg die mool aus,
nedd imma schaffe un bohre em Haus.
E Schwedzl dudd guud, e liewes Word,
bleib endlich sidze, geh nedd glei ford.«

Die Sunn gehd glei unna, 's wärd ruisch ums Haus,
iesch schlodz noch moin Woi, dringgs Heffele aus.

»Du – geesch schu–? Schloof nedd sou schnell oi,
iesch kumm gleich nooch, supf grad de Reschd Woi.«

Iesch mach jedzd em Haisl die Lichda aus,
dess Leewe isch korz, kumm, nidze ma's aus.

Haashunga

Oktober 1990

De Honnes gehd mid de Gsundheidswell. Er
keefd sich Gedreide bei emme Baua un
mahld dess uffare greeßare Kaffeemiehl. Er
baggd soi Brood selwa un a Vollkornkuche.
Wonn dess frisch isch un a noch offewarm,
donn isch dess wirglich e Delikadess. Awwa
wonns emool zwee odda drei Deeg ald isch,
donn kausch do druff rum wie wonn
Schdrou un Sond drinn wär.
Mid soim jingschde Suh kummda zu de
Veschbaszeid zu soim Nochba.
Hausmacha gibds un gonz normals
Mischbrood vum Begga.
»Gudde Noowed Honnes, ihr kummd graad
rechd, sedzd Eich her un veschbad mid!«
De Honnes leßd sich dess nedd zwaamool
saare. ´s wärd vunn demm un jeenem
vazehld, de Gloo schdobd Broud noi, zwaa,
vier, sechs Schdigglin. Uff omool flischdad
er soim Vadda ens Ohr: »Babbe, monsch
nedd, ma soode de Momme e paar
Schdigglin mid hoom nemme?«

De Wärdschafdsgaul

1990

E Lous isch e weiblischi Sau, die en de Regl zwaa mol
em Johr Junge griggd. Em schwewische haasd sou e
Vieh e Mor, em fränggische Dausch un in hochdeidsch
Mutterschwein.

Wer vor dreisisch – värzisch Johr, als faschd en jedem
Haus noch e Seile khalde worre isch, sou e Lous ghadd
hodd (meischdens isch dess e Bladzfroog gwessd, ob
dess gonge isch odda nedd), der hodd schunn zu de
bessere Leid gekeerd. Vor allem hodda imma ebbes zu
vakaafe khadd.

Un wonn oona en Gaul ghadd hodd, donn war dess
meena, wie wonn heid oona mimm Merzedes fährd.

Ma hodd doomols die Bauere en drei Kaddegorie
oigedald.

Dess ware erschd die Gaasebauere, die meischd Arweida
ware un die koi odda wennisch Egga ghadd hewwe. Die
hewwe fa ihr Gaase die Grasweg odda Feldroi abgmähd
un dodurch Millich un Flaasch fa ihr Kinna ghadd.

Wer awwa oona odda zwee Gail ghadd hodd, war en
Gailsbaua. Un wer Gail ghadd hodd un nedd sou viel
Egga, der hodd ghaudad, dess war a en Gailsbaua, awwa
en Haudara.

En Haudara hodd onnare Leid, meischdens de
Gaasebauere (die Kuhbauere hewwe jo ihr Kieh
oischbonne kenne), die Eggalin gezaggad un oigseed, d´
Wengad gezaggad un Holz em Wald ghold.

Die Haudara mid zwee Gail hewwe meischd greeßare un
schwerere Fahrde mid Sand, Schdoo, Bauholz un
Schdemm gmachd. – Alles, was heid Laschdwerre
mache. Si ware Fuhrunnanehma.

Un dann ware do als ledschdes noch die Kuhbauare. Die
hewwe nedd sou viel Feld ghadd wie die Gailsbauare un

senn offd newa ihrm Kuhgeschbann mit oom odda zwee
Ochse gfahre. Die ware stärga wie die Kieh un die senn
dann endlaschd worre un hewwe meh Millich gewwe.

De Malscheberja Gerhard, dess war en Haudara, zwar en
gloone, awwa en Haudara. Der hodd en Gaul ghadd,
Gaase un e Lous.
Enneme scheene Morjed isch de Gerhard mid soinere
Greda, dess war nedd soi Fraa, sondern soin Gaul, uffem
Weg noch Eeschdringe. Die Greda middem frisch
gwichsde Kummed, Ohrehaub un oigschmierde Huf, de
Gerhard middare Zigga un erre naie Dreibschnur en de
Beidsch uff em Sitzbärdl.
Dess war sou ieblisch, wonn ma iwwa Lond gfahre isch.
Uff em Bordwarre zwaa junge Sailin un en Pfluug.
Es war morjeds, gleich noch de sechse, erschdens, weil
die Sailin d´ Hidz nedd vadrare kenne un zweidens,
weil de Gerhard noch demm Sauhondl, hoomzus noch e
Eggale zaggare gwodd hodd.
Niwwazus isch die Sach guud gonge –, die Sailin
abgliffad, Geld kassierd.
Midlaweil isch´s warm worre, de Gerhard hodd Dorschd
griggd.
»E saggrischi Hidz«, hodda gmoond un hodd die
neggschd Wärdschafd ogschdeijad. Die Greda war do
soford begeischdad; als rischdischa Haudarasgaul hodd
si jedi Wärdschafd gekennd un wonn si Woi odda Bier
groche hodd, isch si oofach schdee gebliwwe.
Dem Gerhard isch nix onnas iwwarisch gebliwwe, als
jedesmool abzuschdeije.
Also – nachds, long noch de zwelfe, isch de Gerhard
uffem Hoomweg zwische Eeschdringe un Reddinge. De
Gerhard en soim Dussl em Halbschloof uffem Sidzbärdl.
– Bledzlich kummd e Audo hinnenooch –. »Hodd –
Hodd!« schreid de Gerhard en soim erschde Schregge. –
Die Greda ziegd tatsächlich »hodd rumm« en de

neggschd Feldweg noi – dess Audo hinnenooch.
«Jesses, Bolizei – ooha – brrr!« Die Greda bleibd schdee.
»Was er do jedzd schaffe deed midde en de Nachd?«
moond oona vunn denne Bolizischde. – »Sehd ihr nedd
– ´s ísch muundhell, iesch fahr ens zaggare!« de
Gerhard. De onna Bolizischd leffd um de Warre rum,
guggd noi. – »Tatsächlich – der schbinnd – der hodd
wirglisch de Pfluug druff – kumm, lossen laafe.«– Un
ford senn si.
»Dess war awwa gnabb«, schnaufd de Gerhard –
»Hüschd rumm Greda, – hüschd rumm – jedzd fahre ma
awwa hoom.«
´s Gligg warene hold, uff Reddinge noi, de Buggl nunna,
hodd de Gerhard vagesse, d´ Migg zuzudreje un sou
isch die Greda en de Rosa ihre Wärdschafd reglrechd
vorbeigschowwe worre. Obwohl die Rosa noch zu
ghadd hodd – awwa ma konn jo nie wisse – vielleichd
heeds noch emool en Daag gedauad, biss dess Gschbonn
hoomkumme wär.

Die Rosa

Die Rosa isch e Reddinga Wärdsfraa – e Original, wie's
em Buch schdeed un dess, weil si ab un zu
unkonventionelle Seddz un Oosichde vunn sich gibd,
vielleichd monchmool a ihr Gäschd schoggd.
Zu enneme junge Monn, demm si gleich e gonzi Flasch
schdadds e Väddl, sou wie er's bschdelld hodd,
noogschdelld hodd un der sich a noch beschwerd hodd,
hodd si zum Beischbiel gsaad: »Geh hoom un kumm
widda, wonnd e Flasch dringge konnsch!«

Die bekonndschd Gschichd isch die mimm Londrad.
Also, do hodds emool en Londrad gewwe, der isch zwar
grouß gwessd, awwa zimmlisch schbidzisch. Es hodd
Leid gewwe, die hewwe behaubd, dess wär Vaoolarung,
onnare widda hewwe gsaad, er wär en Schneeja, zu
deidsch, er deed nix esse.
Ewe der Londrad, hodd wie er durch Reddinge gfahre
isch, zufällisch e Hungagfiel gschbierd un isch bei de
Rosa oigekehrd.
»Ebbes zu Feschbare heed er geern un e guuds Väddl
Woi, awwa koo idalienischi Brieh, sondann en guude
Reddinga.« – »I gugg mool, wassi hab«, moond die Rosa
un vaschwind en de Kich.
Noch erre Weil kummd die Rosa, gnalld e Pfonn voll
Eija uff de Disch: »Sou, jedzd fress emool, Du bisch jo
so rebbed, daß ma d´ Ribbe zeele konn!«

Oogschmierd

De Michl war e echdes Malscheberja Original, er war imma zu emme Schbessl uffgleegd, hodd geern gfrozzld un vasuchd, onnare zu vaaasche.

Dess hodda imma schunn gmachd, a en soinare Jugend un erschd rechd mid soine Kommarade vunne me badische Adillarieregimend em erschde Weldkrieg.

Si ware em Elsaß oigsedzd. 's isch nedd grad so haaß heergonge un si senn zimmlich hinne gwessd, also weg vunn de Frond.

Si ware enne me gloone Derfl oigwadierd.

Emme Houf schdeed Meewl rum, d´ Kommarade schbiele Skad, vazeele, wesche un rassiere sich, buzze ihr dreggede Glaada un d´ Gwera.

De Michl liggd enne me Sessl un schnarrischd.

»Heid grieje ma dess Schlidzohr!« moond oona un bind de Michl em Sessl feschd.

Die gonz Monnschafd gehd en Deggung, mechd Krach.

»D´ Fronzouse kumme, d´ Fronzouse kumme!« schreie si aus alle Egge. De Michl fährd uff, brilld wie em Schbieß: »Kommarade nemmd mi mid – Kommarade nemmd mi mid!«

Gaulshondl

De Issy hoggd em Kichedisch, en Gnodze Brood, e
Salami un e Heffele Woi vor sich.
Er kaud uluschdisch uff der Salami rum, heid wills em
ganedd schmegge.
Ab un zu broddlda vor sich noo, dess heerd sich sou oo:
»Die Schlawiena, die goddvadommde, oom sou
noizuleje, daß dess mir als aldem Pferdekenna bassiere
gekennd hodd! Die Dunnawedda, die Dunnawedda!«

Ja, de Issy isch schunn en alde Gaulsnarr.
Als gloona Bu hodda schunn mid Gail zu dou kadd un
jedzd mid sibzisch a noch. Awwa was em en de
ledschde Deeg bassierd isch, isch schunn e oomolischi
Gschichd.

Zwonzisch Johr war soi Lena, odda wie si khaase hodd,
ald un hodd nimmi sou rechd wolle. Schweren Herzens
hodda sich endschlosse, dess guude Schdigg em
Gaulmedzga zu gewwe. Fünfhunnad Marrig un zee Kilo
Salami hodda noch zähem Ringe rausghondld.
Noch verzee Deeg: »Mudda, mir felld die Degg uff de
Kopf, moonsch nedd, mir soode widda en Gaul kaafe?«
»Also guud, guggsch hald emool un suchschda oona!«
Zu dridd geene si uff de Gaulshondl. Es soll koo
Paradepferd werre, awwa en brave, ooschdennische
Gaul.
Irgend en Pferdebsidza hodd emool gsaad, nochdem er
gfrogd worre isch, wie er ausgrechld zu demm Gaul
kumme isch: »Ha, der hodd mi sou schee oogeguggd, do
hawwin hald gnumme!«
Un sou ischs em Issy warschoinlich a gonge.
Nochdemm er denn Gaul abgeglopfd, noch de Zeh un de
Huuf geguggd hodd, hodda gmoond: »Der mag mi —
was sollan koschde, Vedda?« —

»Dess isch en wolfle Gaul, zwaadaused solla schu
bringe.«
De Issy: »Zwelfhunnad mooni wäre gnungg.« –
»Ihr machd mi jo zum Beddla, moi arme Kinna –
achdzeehunnad.«
De Issy: »Du alda Halsabschneida – verzehhunnad!«
De onna: »Heeb doi Hond her, jedzd binni bongrodd.
Fufzeehunnad – schlag oi!«
Der Hondl isch perfeggd.
Volla Schdolz fahre si mid demm guude Schdigg hoom.
»Dess war en Hondl!«
Beim Ablade: »Mudda, mir senn doo. Kumm raus, gugg
unsan neie Gaul oo, – huufe – huufe – zurück –
zurück!«
Dess Brachdschdigg dribbld hinnasich aussem Oohenga,
drehd sich rum un droddld gonz eloo soim Schdall zu.
»Issy – Issy – iesch glaab, Du hosch unsa aldi Lena
widda gekaafd!«
»Du schbinnsch joo. Vunn derre hawwi doch schu
Salami gesse – hold denn Gaul widda aussem Schdall!«
De Issy leefd zwaamool um denn Gaul rum, e dridds un
e vierds. »Mudda«, sechda donn gloolaud. »Iesch glaab,
Du hosch rechd.«

Das Dings

März 1999

E Dings, dess brauchsch Du immerfort
wonn Du nedd waasch isch´s do, isch´s dord.
Wonn´s schnell geh muß, dess Hernn nedd schalld,
wonn d´ moonsch, Du hosch dess Ding jedzd bald.

»Siesch Du dess Ding dord?«
»Was, well Ding dord? – Dess Ding dord?«
»Awass, dess eggische Dings.
Waasch, dess hinna demm runde Ding.«
»Was, dess eggische Ding hinna demm gloone, runde
Ding?«
»Ja, dess isch dess Dingsbums.«

Ein Mensch

15. März 1989

Ein Mensch ist
ist er noch so klein
ein Mensch.
Nur darf er´s eben
oft nicht sein -
ein Mensch.

Seht her
wie sich der Gottessohn
hier neigt und spricht
»Auch Du bist mein
sei auch Du Mensch!«

Ein Mensch ist,
ist er noch so klein
ein Mensch.
Nur darf er´s eben
oft nicht sein.

Ein Mensch
der Macht
in Händen hält,
dem Macht zu üben
noch gefällt.
Ist er ein Mensch?
Er könnt es sein!

Jugend

März 1991

Dem Mensch der jung und fröhlich ist
gehört die Welt so wie sie ist.

Er kann sein Leben noch gestalten,
kann wachsam lernend sie erhalten.

Erfahrung speichern von den Alten
und deren Erbe dann verwalten.

Die Welt erwandern mit den Augen,
der Erde Schönheit in sich saugen.

Natur erfassend,
Schöpfung preisen
an Zukunft
bauend sich beweisen.
Des Lebensfülle sei sein
Ziel

Furchen

Deenapur, Indien, an Silvester 1988/89

Furchen?
Furchen muß man ziehen
Furchen von Horizont zu Horizont.
Furchen?
Gerade Furchen.
Aufreißend das Alte,
bewahrend Bewährtes.
Nicht zudeckend.
Neues schaffend.
Neue Ideen.
Neues Leben.

Wie Blätter im Herbstwind

Herbst 1986

Wie Blätter im Herbstwind
so fallen wir Menschen
der Unendlichkeit entgegen
zurück zum Ursprung.

Abwärts gleitend
von Aufwinden emporgetragen
verharrend
doch langsam schwebend.

Lichtdurchflutet in der Sonne tanzend
durch Schatten kämpfend.
Langsam fallend
hin zur Erfüllung.

.

Ein altes indisches Sprichwort lautet:
»Ein Wort kann mehr sein als eine Stunde Rede«

Welches Wort?

Ein gutes Wort
Ein freundliches Wort
Ein fröhliches Wort
Ein schönes Wort
Ein nettes Wort
Ein liebes Wort
Ein zärtliches Wort

»D u !«
»K o m m !«
»B l e i b !«

Die Nacht

Neckarelz, 24. Januar 1989

Ich schlaf in den Armen Orpheus ein
in der Nacht im stillen Kämmerlein.

Vielleicht war's die Liebe, vielleicht war's der Wein?
So lull ich ganz trunken und glücklich
im Schlafe mich ein.

Mein Weib liegt mir glücklich zur Seite.
Die Nacht ist mein Zeuge.

Ideen umkreisen zur Morgenstund
mich halbwachen Schläfer,
ich kann den Tag nicht erwarten –
in der schwindenden Nacht.

Ich laß meine Gedanken gewähren –
was wird mir der Morgen gebären?

Nun? – Was nun gebar Dir die Morgenstund?
Dir – schlaflosem Schläfer, zur nächtlichen Stund?
Sind 's Träume, so bitt sie zu bleiben
sind 's Verse – beeil Dich zu schreiben.
Die Nacht war Dein Zeuge.

Freundschaft

Ostern 1988

Freundschaft ist mehr als Tuten und Blasen
Freundschaft ist Stärke, man ist nicht verlassen.

Freundschaft ist Beistand in Trübsal und Not
Freundschaft ist Trauer bei Abschied und Tod.

Freundschaft ist Hoffnung, wenn Menschen bedrückt
Freundschaft ist Leben, ist Lachen und Glück.

Freundschaft kann Geben und Nehmen sein
Freundschaft ist oft auch wie gärender Wein.

Freundschaft kann Haß sein und Liebe zugleich
Freundschaft verbindet ob arm oder reich.

Freundschaft sprengt Grenzen, macht Feinde zum Freund
Freundschaft ist Kraft, die Menschen vereint.

Tränen

oder die Brücke zu einer verlorenen Freundschaft

Dezember 1988

Tränen wein ich voll Bitterkeit
Tränen der Trauer und Herzeleid.

Tränen über ein vergangenes Jahr
Tränen über Freundschaft, die keine war.

Tränen des Abschieds von schöner Zeit
Groll, ja so glaube, liegt weit mir – so weit.

Vergesse die Worte, die der Haß Dir gebar
laß wieder sein wie es früher war.

Trete heraus aus dem Schneckenhaus
reich mir die Hand und weine Dich aus.

Werf ihn ins Feuer den Fehdeschuh
gib Deinem Herzen der Seele Ruh.

Laß uns wie ehemals Freunde sein
faß Dich am Herzen – so wein' doch – jetzt wein'.

Die Zeit

Ein Rätsel der Unendlichkeit
das ist der Rhythmus unsrer Zeit.
Solange Sonne, Mond und Erd sich drehn,
das Rad der Zeit, es bleibt nicht stehn.

Und wenn wir auch an Uhren drehn,
die Tageszeit, sie bleibt bestehn.

Doch welche Unruh kann es schaffen,
das Stündchen zwischen Schlaf und Wachen.

Und hätt´ jetzt einer die Idee,
an Jahreszeiten gar zu drehn?
Vielleicht sogar an Lebenszeiten?
Wo soll die Hand da regelnd greifen?
Ist Frühling, Jugend wohl am schönsten?
Der Sommer gar, die Mitt´ des Lebens?
Der Herbst mit seinen reifen Früchten?
Die Ruh des langen, kalten Winters?

Nur Streit würd´ die Idee entfachen,
drum sollt´ man Zeit in Ruhe lassen.
Denn unsichtbar, ein Stäubchen nur
ist unser Leben, ist die Uhr.

Gott schenke mir
Zeit zum Schenken
Zeit zum Geben
Zeit zum Nehmen
Zeit zum Beten
Zeit zum Freuen
Zeit zum Lieben
Zeit zum Leben
Zeit zum Verzeihen

Die Zeit, die Zeit
nie Zeit
überhaupt keine Zeit
ganz selten Zeit
wenig Zeit
fast nie Zeit
kaum Zeit
immer weniger Zeit
für nichts mehr Zeit
keine freie Zeit
ohne Zeit
schade, leider keine Zeit
zeitlos
die Zeit, die Zeit
die Zeit ist um

Zu Omas 80. Geburtstag

März 1994

Wenn Du die Zahl siehst die dort steht
und denkst es ist ein langer Weg
ein Weg der aufwärts, abwärts ging
mal inne hielt, mal hell mal still.

Du denkst an Freude, Müh und Leid
an schöne und auch bittre Zeit.
An Jugend die so schnell verging
den Lebenssommer hart und still.
Und dann den Herbst voll Zweisamkeit
wo ist sie nur, wo ist die Zeit?

Du fragst dann nach des Lebens Sinn
wo kommst Du her, wo gehst Du hin?

Stell Dir ein´ Regenbogen vor
so wie er sich am Himmel wölbt
die Farbe bleibt, auch wenn er fällt.

Das Lebensrad

Oktober 1996, anläßlich meines 60. Geburtstages

Das Lebensrad, es läuft dahin
behütet, sanft gleich zu Beginn.
Läuft über Schwellen, Stolpersteine
mal langsam, schnell, dies oft zum Scheine.
Bewältigt Höhen, Tiefen, grade Flächen,
wird brüchig oft und droht zu brechen.
Braucht gute Freunde, die es halten,
den Rest des Weges mitgestalten.
Und dann, und dann?

Erwartungen

Advent 1987

Auf unruhigen Wassern treibst Du einsam dahin,
verloren im Meer Deiner Träume.
An steinigen Ufern erwartet man Dich
voll Sehnsucht und Hoffnung
auf Wärme, Liebe und Licht.
Gibst Du sie dem Nächsten,
so sei Dir gewiß,
kehren sie tausendfach wieder
zu Dir zurück.

Die Baas, odda dess vauugliggde Schlachdfeschd

Juli 1999

Die Baas lebte e paar Heisa weida en de Houl mid ihrm Hoina. Ihrn Noome war eigendlich Babette. Im Dorf hodd ma si Houlbewwl grufe. Si hodd mid ihrm Hoina ihr liewi Noud ghadd.

Sou hodd er emool ihr gonz Haushaldsgeld vaschdeggld un mir Kinna hewwe alles aussuche messe. Bis unnad Dachziggl en de Scheija hewwe ma rumgrawle messe, awwa nirgends hewwe ma was gfunne. Erschd e paar Johr schbeeda, als die Dochda ´s Haus und´ Scheija umgebaud hodd, isch dess Geld hinna me louse Schdoo en de Scheijaremaua uffgedauchd. Zwischezeidlich hewwe ma e onnari Währung ghadd un dess scheene Geld war fudsch.

Die Baas hodd Schlachdfeschd ghadd.
Dess war frija imma e Feschd – nedd grad va die aije Familie, sondan a vad´ Nochbarn un die gonz Vawondschafd.
Es isch Flaasch, e paar Wärschdlin un vor allem Worschdsubb ausgedraare worre.
Außam Oisalze un Oidose hodd ma koo onnari Meglichkeid khadd, dess gonze Zeigs uffzuheewe odda zu koserviere. Die Nochba un Vawonde hewwe, wonn si gschlachd hewwe, dess gleiche gmachd.

Iesch war vier Johr ald, do rufd mi en alla Herrgoddsfrieh moi Mudda: »Bu, schdee uff, die Baas schlachd heid, Du musch noo un´s Schwänzl heewe.«
Dess hewwe si nedd zwaamol saare messe.
Iesch bin schnell raus außem Bedd, ogezorre un noogfusld end Houl.

Vadommd, mimm Schwänzlheewe wärds nix me. Die
senn jo schunn beim Worschdmache. Die Baas frozzld
glei: »Sou, Weißkopf, hosch endlich ausgschloofe?
Jedzd wärds awwa Zeid daß d´ kummsch, mir senn jo
ball ferddisch.«
Die guud Schdubb hodd ma ausgroomd khadd, un
dodrinn hodd ma gwergld un Flaasch un Schbegg
gschnidde.
De Baadkarch, oona vunn denne zwee odda drei
Hausmetzga vum Dorf, war schunn beim
Lewwaworschd riere.
»Do, vasuch emool«, sechda un fährd ma mid soim
Finga em Gsichd rum.
Iesch vasuch hinnasich auszuweiche un fall en de volle
Bluudooma noi, der hinnam violedde Vorhong
gschdonne isch, der die Wohnschdubb vunn de
Schloofschdubb abgedrennd hodd.
Iesch ligg mid somdem Ooma un demm koschdbare
Bluud midde en de Schdubb.
Dess Gschrei heri heid noch: »O Godd, die guud
Grieweworschd! – Un erschd die Kadofflworschd, wu
doch die Baas geschdann en gonze Haffe Kadoffl
gekochd un gscheeld hodd!«
Ma hodd doomols noch nedd grad fordfahre un bei
irgend emme Metzga oofach frischs Bluud holle kenne.
Nix war´s mid denne guude Griewe un
Kadofflwärschdlin!

Die Grienin

Juli 1999

Die Grienin war e Widdfraa un hodd mid ihre drei
Buuwe un zwuu Dechda en Schemmenauas Haus
gwuhnd.
Vunn ihre paar Marrig Rende hodd si nedd auskumme
un schu gaanedd leewe kenne. Sou hodd si doo un dord
auskholfe. En ihrm Graudgaade vunn vielleichd zwaa
Aar hodd si ihr Gmies, Boune un e paar Kaddoffl
oogebaud.
Die Buuwe un Dechda hewwe mid zehne, zwelfe bei de
Bauare ihr Brood selwa vadiene messe.
Bei de Eern helfe, Duwagg oifeddle, Worzl rausmache,
Kadoffl zommeleese, Zuggariewe varropfe, hagge un
rausmache, Äpfl zommeleese, en de Dreschmaschin
helfe, bei de Gedreideern Schdrigglin leje un viele
onnare leichde Ärwede. Dess alles war dess Pensum,
dess sou Buuwe un Meedlin mache gekennd hewwe.

> »Man verwendete eingefärbte Leinenstrickchen, die an
> vorher angewiesenen Plätzen bereitgelegt wurden.
> Darüber legte man mit der Sichel (es war
> Frauenarbeit), die vorher mit Reff oder Mähmaschine
> abgeschnittenen und abgelegten Erntegarben. Diese
> wurden dann zu zeltähnlichen Haufen
> zusammengestellt und nach einer gewissen
> Trockenzeit in die Scheune eingefahren. Dort wurden
> sie nach einer Garzeit mit der großen
> Standdreschmaschine (bevor es diese gab, wurde der
> Vorgang des Dreschens mit dem Dreschflegel
> durchgeführt) ausgedroschen.
> Eine gefürchtete Krankheit war das
> Dreschmaschinenfieber, das durch den vielen Staub
> und die vielen Schimmelpilze in der engen Scheune
> hervorgerufen wurde.

*Dickrüben, die für das Viehfutter gebraucht wurden
(Saftfutter zum Heu), hat man nicht, wie heute gesät,
sondern meist in Krautgärten dem Wurzelland zum
heranziehen von Jungpflanzen ausgesät (die
Samenknäuel sind mehrfrüchtig und man konnte sie
damals noch nicht auf einen Samen spalten oder gar
pillieren). Es wuchsen daraus dicke Pflanzenbüschel.
Man konnte somit auf einer relativ kleinen Fläche ,
wie man heute noch Tomaten, Kraut oder Salat
anzieht, die Setzlinge für ein beliebig großes Feld
heranziehen.
Im übrigen sparte man Ackerfläche, denn die
Dickrüben wurden erst nach dem Abernten von
Winterraps, (Futterraps war das erste Grünfutter im
Frühjahr) Futterroggen oder dem Abernten der
Wintergerste ausgepflanzt. Man pflanzte mit dem
Setzholz auf Dämmen, die dann wieder bei der ersten
Handhacke eingeebnet wurden.*

Die Residenz der Grienin war die grouß Schdoobonk
vors Schemenauas Haus. Si war Dreffpunggd fa Kinna
un Jugend un Ausgongspunggd va vaschiedenschde
Unnernehmunge.
Sou sinn an de Bonk a die erschde Dreffe un
Geschbreeche zur Wiedabegrindung dess
Fußballvaroins nochem zweide Weldkrieg gfierd worre.
Funkeoddl, Fendrich un Grienebuuwe ware die erschde,
die en rischdische Fußballe uffgedriwwe hewwe. Vorher
hodd ma mid ausgschdobfde, zommegnähde
Schdoffballe rummgekiggd. Donn hodd oona vunn
Nußloch alde Audoschleich zu Bäll zommegebabbd. Oon
schbidzische Schdoo, un die hodds noch genungg
ghadd uff de Schdrooße, un dess Ding war hie.
Die Grienin wurde zur Fußballmudda.
Middaags isch die Grienin uff de Schdoobonk neewam
Sondschdoopfeila em Schadde gsesse, hodd uns Kinna

beim Schbiele zugeguggd un hodd uffgebassd, daß nix bassierd.

Si hodd Gschichdlin vazehld, mid de Kinna gsunge un ihr Schbesslin gmachd.

Ihr Haubdbschäfdigung neewe ihre Kinna, ihrm Haushald un ihrm Graudgaade, war Gänshiede. Si war vunn der Gemeinde geje e gloons Endgeld als Gänsehirtin oogschdelld.

Jeden Morje um Siwwene odda em halwa Achde isch si mid de Drumbeed unnare longe Beidsch durchs Dorf gezorre un hodd die Gäns oigsommld.

Bei emme beschdimmde Hornschdooß hewwe die Leid gwissd:»Awwl kummd´ Grienin, jedzd messe ma d´ Gäns aussem Schdall losse.«

Die senn donn mid viel Geschnadda un Gefladda end Schdrooß naus grennd un hewwe sich der Gänseschar vum Dorf oogschlosse.

Die Grienin hodd die donn durchs Owwadorf en de Gänsgaade beim longe Schdoo gedriwwe. Dord war en runde Pferch eigezäund; außerumm senn Weidebeem un Bisch gschdonne, daß es die Gäns schee schaddisch ghadd hewwe. Dess Bächl war uffgschdaud un war zu emme gloone Weia ausgweided.

E Auszeichnung war va uns Buuwe, wonn ma morjeds midlaafe un die Bloos odda die long Beidsch draare gederfd hewwe. ´s war die lengschd un die schenschd Beidsch, sou wie si nedd emool de greeschde Geilsbaua ghadd hodd. Die Gäns senn donn ooweds zu erre bschdimde Zeid widda aus ihrm Vaschlag befreid worre. Erschd dess rauslosse vunn denne Gäns war donn e richdichs Schbegdaagl. Kaum hodd oona vunn denne Grienebuuwe dess Deerle uffgmachd, hewwe sich die Gäns schloinigschd uff de Hoomweg gmachd. Mid Geschnadda un Flirrlschlaare senn si gloffe, grennd un gflorre, so schnell si gekennd hewwe. Alle hewwe si ihrn Schdall gfunne.

Ab un zu isch sou e voreilischs Vieh en de
Schdroomleidung hengge gebliwwe un isch
runnagebladdschd. Donn hodds em neggschde Daag
hald Gansbroode gewwe.

Leida isch mimm End vum zweide Weldkrieg dess
Gänsehiede oigschdelld worre un sou wie´s Gänsehiede,
isch a die Ganshaldung longsoom un sicha oigschloofe.
Die Feddare fa die Ausschdeija konn ma heid kaafe un
sou brauchd ma koo Gäns mee un a koon Gänsgaade.
Un uff d´ Woinachd konn ma denn Broode em
Subbamargd kaafe.

De Schdedlahoina

Juli 1999

De Hoina hodd Kärsche runnagmachd. Er hoggd midde
uff em Kärscheboom mid em Kärschegradde un zopfd
donei gonz vagniegd Kärsche. Wonn der voll isch, donn
schdeigd er iwwa d´ Laada vum Boom un schidd die
Kärsche ennen grouße Weidekorb. Er isch gonz
alleegero. Noch oon Gradde, donn isch Feijaoowed. -
Doch jedzd schleichd sich sou en vaschmidzde Daagdieb
unna de Kärscheboom, ziegd demm Hoina die Laada
weg un schreid zu em nuff: »Bisch Du Goddesdiena
brauchsch Du keine Hiehna!«
Donn schnabbd er demm Hoina soin Weidekorb voll
Kärsche un vaduffd schnell.
De Hoina rudschd mid Wuudgebrill un
unausschbrechlische Vawinschunge de Schdomm
runna.

Gradde = Pflückkorb
alleegero = übermütig, lustig

De Philpsanduune Fronz
un soi Lydia

Juli 1999

De Fronz un soi Lydia wuhne em End vum Owwadorf
uff emme gloone Houfgiedl. E paar Seischdell, en
Hiehnaschdall, en gloone Schdall vor e paar Gaase odda
e Kiele un e paar Ägga ums Haus runde dess gonze ab.
´s Philpsanduune haase eigendlich Grimm. Der
Uuznoome kummd vum Fronz soim Vadda, der hodd
Phillipp-Anton ghaase. Wie en de Derfa ieblich, hodd
ma, um vaschiedene Famielienoome unnascheide zu
kenne, die Vornoome vum Vadda beigezorre.

Soi Fraa, die Lydia, hodd emool abbedidd ghadd uff
Lewwaworschd. Awwa die oonzich Bichs, die si noch
uffgedriwwe hodd, ischare nedd gonz geheija
vorkumme. Sou hodd si die Bichs erschd emool demm
Fronz zum Veschbare noogschdelld.
»Daß ma awwa noch ebbes iwwarisch lesch«, moond die
Lydia zum Fronz un dudd, wie wonnsi noch koon
Hunga heed.
Nachds em zwaa weggd die Lydia ihrn Fronz un freegd
gonz schoiheilich:»Fronz, leebsch noch?«
Der Fronz brummld vor sich noo un drehd sich rum.
Die Lydia, vunn Glischde üwwamannd, schleichd sich
end´ Kich un schlechd sich mimm Reschd vunn de
Bichs de Bauch voll.

E Himmelfahrd

Eine heitere Ballonfahrt in den Mai

Mai 1988

Es war faschd wie e Schnapsidee,
zu fahre en de Lufd wär schee.
Vum Himml drowwe runnagugge
un onnare uff de Kopf mol schbugge.

Sou schdeene mir em Daag vorm Mai
vor sou em Korb un gugge noi.
E bissl greesa wie en Kärschegradde –
do solle mir zu vierd noibasse.

»Ihr hedd wohl engschd«, sou teends em Rigge.–
Mir kenne uns jedzd nimmi drigge –.
Wie d´ Gänslin aussem Eijakorb,
sou gugge mir donn aus demm Droug.

Gonz longsom hebd sich dess Gefährd
ma sechd nedd »´s fliegd« – es fährd – es fährd.
En ledschde Gruß – mir wingge all
un ab gehds jedzd mid Horngeschall.

Mir mache uns jedzd sou Gedongge:
»Wu werre mir wohl widda londe?«
»Vielleichd en de Pfalz un weida ford
graad blooß nedd gonz dehoom em Ord«.

De Brenna zischd – ´s gehd rischdisch lous
mir fiehle uns wie in Abrahoms Schouß.
Hunde belle unna uns,
Gail renne uffgregd en de Kobbl rum.

Die Rischdung zeigd zuerschd noch Brusl –
donn drehda widda ab, der Dussl.

Paris, dess kenne mir vagesse,
der Ballun isch offebar uff Woi vasesse.

Sinse dengge mir – vielleichd Heilbrunn
jedzd fahre ma iwwa d´ Audobohn.
Rauberg lings – de Monnaberg –
rechds unsan Houf un Malscheberg.

Dess Reewelond, dess ziegd uns oo -
e Schdromleidung dudds ewesou.
Mir sidze feschd – koo Windl gehd,
dess uns noch fernem Ziehle wehd.

Vunn Rauberg heerd ma d´ Glogge leide –
mir messe houch, sunschd gibd´s e Bleide.
Die Sunn brennd jedzd – mir grieje Dorschd –
iesch droom vunn Monnaberg un Worschd.

Derweil mir sou em Himml schdeene,
de Droß em Houf oibiegd – mir kenne ´s sehe.
»O Godd, wie senn die Waiwa gligglisch –
die dunne sich em Woi jedzd giedlich!«

»´s isch Veschbazeid«, dengg iesch bei mir,
»e Worschd wär schee – e Väddl Woi – e kiehles Bier.«
Mir schdeije noch – doch jedzd wärds kald –
»Wu isch de Wind – wonn gibds en Hald?«

Rauberg, dess wärd jedzd gonz gloo
wie e Schachbredd siehd sich d´ Gejend oo.
Do liggd e Dorf un dord noch oons,
doozwische Wengad, Wald un Wisse.
Wond Biggl suchsch – jedzd wäsch si misse.

»O Godd«, beed iesch, »farr´n Himml isch´s uns noch
zu frieh,

mir liewe doch, un dess mid Mieh, unsa Fraa un
Drauwebrieh!«

»Zum Himml isch´s uns doch zu weid«,
mond jedzd de Pilod. »Mir messe widda runna Leid!«

Doch abwärds gehd´s gonz longsom nur,
als hengge mir en onare Schnur.
Faflixd, die Leidung unna uns,
mir hogge druff, als keerd si uns.

»Denn Korb muß ma end Schräglag leje«,
achd Zendna sich zua Seid beweje.
Dess ischs – zum Gligg – mir heewe uns –
die Leidung – Reweschdiggl unna uns.

Mid Fungg schbrichd jedzd de Lufdpilod
zua Boddemonschafd:
»Beeild Eisch, sunschd senn mir en Nood,
Ihr messd uns, daß ma Bodde grieje,
vunn derre Leidung runna zieje!«

Koum hoddas gsaad, dess Schdoußgebeed,
e Lifdl aus em Norde wehd.

Mir fahre widda – mir wärd´s bong,
uff de vaflixde Leidung – kerzegrad endlong
um Rauberg rum, als wäre mir en Bummarong.

Vor uns tirmd sisch jedzd en Buggl
unsa Leidung, Wengad – Reweschdiggl.
»Hewwe mir noch Gas? – Kumme mir do driwwa?
Mir messe iwwa de Buggl niwwa!«

»Der Leidung nooch!« – dengg iesch endsedzd,
noch lings driggd uns en Fallwind jedzd.

Jedzd hemma Heisa unna uns –
»Der will jo londe«, demmads uns.

Uff de Zebbelinschdroß, dess wär en Gägg,
doch do senn mir schnell driwwa weg.
Leid renne uff de Schdrooße rum
un Audos fahre sich schier um.

Es wärd gewungge, gwidzld, ruff un nunna gruufe:
»Ihr messd mol eijan Schonschde budze!«
»Fridz, mach mol doi Terrass schnell frei,
mir wolle londe«, ruf iesch demm end´ Gaade noi.

Do schreid e Frääle:»Schbordbladz – Schbordbladz!«
moin Kumbl nunna:»Woifaß – Woifaß!«
De Pilod rudierd – dudds Gas bediene
de Kercheturm seje ma jedzd vunn hinne.

De Monnaberg schdelld sich en de Weeg.
»O Godd, a doo noch driwwa weg!«
Der driggd uns vunn sich – er will uns nedd.
Noch Weschde gehd jedzd unsa Fahrd,
en griene Bladz isch vor uns ausgeschbard.

Zwische Heisa, Schdrooß unnare Fabrigg –
dess isch e Meglischkeid – unsa Gligg.
Korz iwwa Schonschde – drei vier Heisa noch,
mir geene runna, londe doch –.

Es isch, dess muß iesch jedzd geschdee –
sou schee uff derre Erd zu schdee.
Fazit zum Schluß un´s Resümee:
E Fahrd em Himml, – dess isch wunnaschee.

Am schwarzen Meer

Juli 1999

Fantasien
Sommerhitze
braune Menschenleiber
wälzen sich
im weichen, warmen Sand.
Kinder hüpfen
Muscheln suchend
zwischen Strandburgen
und Meeresgischt.

Hungrige Männeraugen
folgen breithüftigen prallen Schönen.
Schwülstige Fantasien
rumoren
hinter dunklen Gläsern.
Suchen Abkühlung
in rhythmischer Brandung
bis zur kühlen
Abendsonne.

Hoffnungsschimmer

Advent 1987

Das Fest der Liebe, Jahreswende,
ein Jahr ist um, es geht zu Ende.
Geschäftigkeit und Glitzer, Glimmer,
und feuchte Augen, Kerzenschimmer.

Die Ruhe fehlt, Besinnlichkeit,
nur Hektik und Betriebsamkeit.
Wir halten Einkehr, schau´n zurück,
war´s wohl ein Gutes, war´s voll Glück?

Wir sehen düst´re, dunkle Schatten
und helle, lichte, blum´ge Matten.
Bemühen, Wollen, Redlichkeit.
Auch List und Zank und Krieg und Streit.

Wir sehnen uns nach Friede, Freude, Glück.
Wir schau´n jetzt vor − nicht mehr zurück.
Gefühle werden frei und wach.
Was drängt mich denn, wer fragt danach?

Nur Hoffnung ist´s, die uns jetzt hält,
was bringt die Zukunft, was die Welt?

Neubeginn

1. Januar 1988

Ein Jahr ist um, ein neu´s beginnt,
wir spüren, wie die Zeit zerrinnt.
Was vordem war, es bleibt zurück,
begleitet uns am Weg ein Stück.

Wir gehen mit uns zu Gericht,
doch Umkehr – nein – die gibt es nicht.
Auch Menschen, die uns lieb und wert,
sie gehen mit uns, was uns ehrt.

Wir streifen ab, was Mühsal war,
nur Gutes soll ins neue Jahr.
Die Zeit, die läßt uns keine Wahl,
sie treibt uns vorwärts allemal.

Hinein ins neue, junge Jahr,
das Hoffnung ist, sie uns gebar.
Wohin führt uns des Lebens Spiel,
wo ist der Weg, was ist das Ziel?

Zeitkritisches

Geschlossene Augen

Frühjahr 1986

Mit geschlossenen Augen seh ich die
Welt.
Ich sehe den Haß,
den Streit und die Zwietracht.
Ich sehe die Toten des religiösen Wahns,
der Ideologien.
Ich sehe auch Liebe und Freundschaft
zwischen Menschen und Völkern.
Ich spür das Verlangen nach Frieden.

Vision 2000

Mai 1999

Thyrannosaurus Rex
Laus im Pelz
Lügen, List
Hass und Not
Ohnmacht, Hunger
Elend, Tod
Tränen
zynisch süßes Lächeln
Händeschütteln mit dem Tod
Wahn um Macht
um Menschengut
Flucht aus Heimat
Menschenblut
Mordmaschine
Wer schleicht zum Tyrannen?
wer spielt ihn, den Damon?

Fragen

Da frägt der kleine Sohn den Vater:
»Was sind denn das für Männer dort
auf unserm kleinen Hof?
Wer hat die nur geschickt?
Was taten sie mit
Schwester und mit Mutter,
als sie im Zimmer schrien?
Mit meinem kleinen Hund;
den Zicklein hinter unserm Haus?

Komm kleine Schwester,
komm vor aus dem Versteck.
Wir laufen in den Wald
durch Matsch und Schnee und Dreck.
Mein kleiner Hund – mein Hund -
nur weg – nur weg.«

Pfingstfeuer

Pfingsten 1988
Dem Grundkurs 1988 der Bauernschule Nordbaden in Neckarelz gewidmet

Ein Funke wird Flamme
sie flackert und brennt
wird dann zum Feuer
zur Glut und wärmt.

Auch Glauben ist Feuer
wird dann zur Glut die gart
wenn sich Glaube und Hoffnung
mit Liebe paart.

Aus Glut sprühen Funken
sie werden zu Flammen und Licht
wenn man sich versteht
gleich welche Sprache man spricht.

Die Glut wird verglimmen
wenn man Hoffnung auf Zukunft nimmt.
Aus Liebe wird Haß
wie Flammen und Wind.

Aus Glauben wird Asche
in Lüften verweht
wenn man redet und redet
und nicht zum Worte steht.

Ein Feuer es brennt
es lodert hell
wird wieder zur Flamme
verlischt dann schnell.

Die Glut nur
sie hat Beständigkeit
sie wahrt uns das Feuer
auch in unserer Zeit.

Frieden?

5. Dezember 1986 – während der Irankrise

Wie kann die Welt voll Frieden sein
wenn Waffen mehr als Nahrung sind?

Wenn Völker hungern, Kinder sterben
und Alte frieren und verderben.

Wenn Menschen, die die Welt regieren
und Freunde, Brüder sich belügen
und reden, reden noch vom Frieden!

Wenn dem der sich zum Feind erklärt
des Mammons wegen, Waffen gar zu hauf
verehrt.
Damit der Krieg, der Haß, die Not
nicht weicht aus unserm Weltenboot.

Wie kann da Liebe, Freundschaft wachsen
und gar die Welt zusammenwachsen?
Und Frieden unter Menschen sein?

Narrentanz

Fasching 1988 (ca. 1 3/4 Jahre vor dem Mauerfall)

Ein Narr ist, der sich selbst betrügt,
sich in die eigne Tasche lügt.
Wer Ideologien blindlings folgt,
wer nur dem Wachstum Opfer zollt.

Wer glaubt, daß nur der Fortschritt zählt
und Wissenschaft fürs Höchste hält.
Wer Gott ins Handwerk pfuschen will,
wer glaubt, es blieb bei Tschernobyl.

Wer glaubt, daß Bomben heut verschrottet,
sieht sich am nächsten Tag verspottet.
Wer glaubt, daß Deutschland je vereint,
auch wenn mal Hoffnungsschimmer keimt.

Wer Politik für selbstlos hält
und glaubt, daß Menschlichkeit noch zählt.
Wer glaubt, daß Alter weise macht
und Frieden mehr als Geld und Macht.

Er wird zum eignen Narr sich machen,
wird einmal selber sich belachen.
Ein Narrenschiff ist diese Welt,
die einen horten Gut und Geld
und schieben Waffen, Gift und Drogen
sehn nur Geschäft und nicht die Toten.

Und andre hungern und verderben,
trotz Überfluß und Bauernsterben.
Wird nicht zum Narr man da gemacht,
zum Narr, der weint und nicht mehr lacht?

Sehnsucht

Weihnachten 1989

Frühlingsgedanken
am Lichterbaum,
Sehnsucht nach Freiheit,
schweben im Raum.

Hoffen auf Frieden
allerorts,
glauben an Neues,
der Tat und des Worts.

Suche nach Freiheit,
nach Liebe und Glück.
Sind ´s manchmal nur Träume?
Gibt ´s auch ein Zurück?

Fallen jetzt Mauern
und Zäune ein,
Heimat soll Heimat
trotz Freiheit sein!

Heimatsuche

November 1992

Ob schwarz ob weiß
ob gelb ob rot
wir sitzen all´ in einem Boot.
Wenn Unverstand und Haß regiert
wenn man nach Macht und Ruhmestaten giert
wenn Menschlichkeit am Boden liegt
wenn Heimat nicht mehr Heimat ist
wenn Mensch sein eignes Ich vergißt
wenn Brüder, Nachbarn auf sich schießen
wenn Kranke, Greise, Kinder sich in Ohnmacht fügen

Wo ist da Botschaft, Gottesmacht
wo ist Versöhnung, Liebesfracht
wo ist Kultur und Menschlichkeit
wo ist das Lied der Christenheit
wo ist da Heimat sich´rer Hort
wo endlich Frieden allerort?

Dadeschutz

5. Juni 1993

Bruchsala Herbschd!
E gonzi Woch hoggi en Brusl, Rissa un Woi
ausschengge, Zwiwwlkuche un Mauldasche vakaafe.
Kummd doch oona uff die Idee:»Mensch, Du keensch
mool ooweds e paar Woigedichdlin vordraare.«
»Ha ja, keend ma, awwa do gibds en Brusl e Fraa Barth,
die schreibd a sou Zeigs, die hodd ma mool oogedraare,
wonn i mool Vaschdärjung breechd, keend i si grad
oorufe.«
Em onnare Morje bledda iesch em Tellefoonbuch –
värzisch Barth schdeene drinn, awwa koo Elisabeth. De
Noome vum Monn – Fehlanzeige.
Jedzd hoggi doo! – Dess isch glei gsaad:»ruuf mi mool
oo!«
Also browiris erschd mool bei e paar Barth, vielleichd
kenne die die Elisabeth. Vier mool vasuch ieschs, donn
schdeggi's uff.
's Roodhaus – Oiwunameldeomd:»Sind Sie vom Amt?«
freegd mi dess Fräulein.
Iesch binn erschd emool vaduddzd. –»Ha noo, iesch
bin vunn de Hoom«, gewwi gonz dumm zurigg.
»Iesch such die Telefoonnumma vunn de Elisabeth
Barth, wisse si, die, wu Gedichde schreibd.«
»Ja die kenn ich, awwa Si müsse erschd emool zeehn
Marrig en de Schdadtkass oizahle, en schrifdliche
Oodraag schdelle, die Oizahlungsquiddung dezuleeje un
donn grije Sie e schrifdlichi Auskunfd.«
Ich schnabb. –»Ja un wie long gehd dess?«
»Achd Deeg messe Sie schunn rechle.«
»Sagradee, iesch will doch die Fraa Barth uff Morje un
nedd en verzee Deeg oilade.«
»Tut mir leid«, tönd si un leegd uff.
Mimm Owwabirgameischda hewwe ma geschdann e

Väddl gedrungge. – Vasuchis mool bei demm. Die
Vorzimmadaam – sehr freundlich: »Der Herr
Bürgermeister ist heut nicht im Haus. Kann ich Ihnen
helfen?«
Iesch saag moi Schbrichl uff. –
»Ja die Frau Barth die kenn ich, si war vor ein paar Tag
hier wegen ihrm neuen Büchl das sie rausbringe will,
aber die Adress, die kann ich Ihnen nicht geben.«
Ich geb uff. Zwuu Schdund senn rumm un nix isch
rauskumme.
»Schreib mal wieder«, klingd mas wie als Hohn em Ohr,
bildlich see iechs en de Tellefoonzell gleewe.
E Poschdkaad isch de Ausweg. – Em neggschde Morje
em halwa neine bimmlds Tellefoon: »Ach Herr Ihle«,
flötet die Frau Barth durch die Schdribb.
»Herzlichen Dank für die Einladung, aber leider sinn
mir gerad em Aufbruch zum Urlaub.«
Jedzd hawwis!

Erntedank

Wie können wir als Bauern danken,
wenn Segen uns zum Fluche wird,
wenn wir mit vollen Taschen hungern
nach Ruhe und Gerechtigkeit.
Wenn uns nur Hohn,
nur Hetz und Arbeit bleiben.
Wenn man uns nimmt den Lohn
und uns als freie Bauern preist.
Wenn düstere Gedanken uns bedrängen
und Tod uns fröhlich schon umkreist.

Wenn die, die uns doch einst berieten,
uns heute zu Gerichte sitzen,
und knebeln wollen, uns beschneiden.
Doch darin sind sie nicht bescheiden:
Noch mehr, noch mehr
müßt ihr jetzt machen
und andere Produkte schaffen
und Nahrung gar zum Nulltarif.
Die Kluft, die wird so breit, so tief ...

Sie geben uns den Schwarzen Peter
und ihre eignen, ihre Fehler,
die merken und die sehn sie nicht.
So stehen wir im Scherbenhaufen
und können pusten, strampeln, schnaufen,
doch festen Boden sehn wir nicht.

Die Ernte, die ist eingefahren,
wir sollten stolz und dankbar sein,
doch bei so düsteren Gedanken
da bleibt nur Trotz – ein »Danke nein«.

Herbstgedanken

Herbst 1987

Das Herbstlaub fällt.
Man schmückt die Gräber, ehrt die Toten.
Der erste Frost zieht übers Land.
Man denkt an Heilige, große Männer,
die wohl in Gottes Frieden ruhn.
Man denkt an Freunde, Väter, Mütter, Kinder,
an Liebe, Schmerz und all ihr Tun.

Die Zeit bleibt stehn für Augenblicke,
man denkt an die Vergangenheit.
Man denkt an Morde, Not und Kriege.
An Spieler, Mißbrauch mit der Macht,
an Glanz und Untergang und Nacht.

Einst schlug man sich
mit Knüppeln und mit Schwertern –
heut tut man dies mit List
und falschen Wörtern –

im Kampf um Macht, ob schwarz, ob rot.
Und Ehre die ist mehr noch
als das Leben und der Tod.

Doch über all den stillen Gräbern
da steigt ein Hoffnungsschimmer auf.
Uns Lebenden sei all dies Lehre,
den Mächtigen – so Gott will – auch.

Hetzjagden

23. Dezember 1987 – zur Höferaffäre

Schon Jesus riet:
»Nur der, der frei von jeder Schuld,
er soll den ersten Stein nur werfen.«
Wiewohl, wie war´s? Sie alle gingen
und keiner warf den Stein.

Wenn jetzt nach vierzig langen Jahren,
Freunde sich vom Freunde wenden,
nur um den Schein der Ehr zu wahren,
ist das noch Menschlichkeit?

Da gab es Bauern und Minister
und Advokaten, Richter.
Arbeiter, Beamte, Bürokraten,
Professoren, Lehrer, Diplomaten
und kleine, große Schreiberlinge
und alle schrien sie »Heil...«

Gewiß, es gab auch Widerstand,
doch das geht oft in eine Hand.
Man soll jetzt endlich mal vergessen
und nicht mehr alte Sünden messen.
Ein schal Gefühl bleibt da im Magen.
»Scheinheiligkeit«, kann man da nur sagen,
»sind wir in jenen alten Tagen,
wo Gleichstellung und Sippenhaft
Devise war und rohe Kraft ...?«

Doch jetzt...? – In dieser unsrer Zeit?
Ist das human, noch Menschlichkeit?

Wechselbäder

De Dollar geht mool nuff mool nunna,
die Aktie falle, wenn nemmd´s wunna.
Do wärd gefeilschd un schbegulierd,
de oone gwinnd, de neggschd vallierd.

E Wechslbad, wie´s gonze Johr,
a d´ Politik schdichd do hervor.
Ma schdreid sich um Rakedebaase,
um alde Haisa, Helm, vamummde Naase.

Sechd oona mool e g´wichdischs Word,
schreid schunn de neggschd:
»Der Monn muß ford!«
De dridd, der liegd un bringd sich um,
de vierd, der waas es imma bessa,
der schreid un drohd
un bleibd nedd schdumm.

Er isch en rischdischa Londesfärschd,
gehd mid Minischder zu Gerichd.
Schreibd vor, wie die wohl leewe wolle
und was sie dringge, esse solle.

Mir Bauere, dess isch gewiß,
schdeene en de Scheiß mid beide Fieß.
»Ma meeßd de Bauereschdond erhalde«,
sou heerd ma sie beim Redde halde.

E Schlidzohr aus demm Schwowelond der mond
er heed dess Rädsels Lösung en de Hond:

En de Fabrigg dess Geld vadiene
un nachds un ooweds Karre schiewe.

Dess wär doch was, donn heed ma Geld,
a d´ Fraa keend effdas donn uffs Feld.
Ma keend noch billischa produziere,
breechd nimmi schreie, demonschdriere.

Un wie mir uns grad froore wolle,
wie mir dess alles schaffe solle,
do fengd schunn d´ neggschd Well o zu rolle:
»Mehna Geld un wennischa Schdund«,
sou haasd die neggschd Gewerkschafdsrund.

Do schdeesch du doo un denksch dir blooß:
»Wer isch do Reida, wer isch Roß?«

Pyrrhussieg

Januar 1991

Was nützt's
Was nützt das alles, Herr und Gott
was nützen Krieg und tausendfacher Tod?
Was nützt's?

Was nützt die ganze Welt in Flammen
wo Menschen doch um Glück und Frieden bangen?
Was nützt's?

Was nützt der religiöse Wahn
wenn Weltenläufe aus der Bahn?
Was nützt's?

Was nützen Tränen, Leid und Angst
was nützt's wenn man um Brüder, Väter, Gatten bangt?
Was nützt's?

Was nützt Inferno und verbranntes Land
was nützen Blut und Trümmer, dort wo einst der
Menschheit Wiege stand?
Was nützt's?

Was nützt der schönste Sieg zuletzt
wenn man den Fuß auf Bergen
von Schrott und Leichen setzt?
Was nützt's? Was nützt's?

50 Jahre – 100 Jahre

50 Jahre – 100 Jahre
und doch nur ein Punkt der Zeit
Gründerjahre, Bangen, Hoffen
Krieg und Hunger, Arbeit, Schweiß
Aufbaujahre, neue Ordnung
magre Jahre, fette Jahre
Winzerglück und auch Verdruß
doch nach all der Arbeit Plage
kommt nun noch der Überschuß
seht, wir hier im Paradiese
wissen nicht, wie gut ´s uns geht
andre Menschen müssen hungern, sterben
leben nicht im Überfluß
was wird uns erst Europa bingen?
Milch zuviel und Brot und Wein,
könnte man nicht jenen bringen,
die da leiden Hungerpein?

Winzerlohn

November 1986

's gibt viele Rädsl uff de Weld
doch s' greeschde isch dess »Drauwegeld«.

E' aldes Winzaschbrichword sechd:
»Oon Herbschd, der soll em Schdogg noch hengge,
enn zweide soll em Kella soi
enn dridde sicha uff de Kass.«
Doch longsom isch's vorbei mimm Schbass.
Mir hewwe schunn de zweid em Fass!

Zwelf Muuned hodd e Winzajohr.
Zwelf Muuned bonge, schaffe, hoffe:
Em Jonuar, daß nedd zu kald,
daß em Abrill die Gnoschbe dreiwe
un daß em Mai de Ponkrads un de Bonnifads
un die kald Soffie nedd gar so garschdisch bleiwe.
Em Juni, daß die Drauwe blieje,
un em Auguschd, gnungg vunn de Sunn un Reje grieje.
Daß d' Drauwe donn viel Öchslegrade
un Pilz un Scheedling longe waade.
En scheene Herbschd donn em Ogdowa.
Un isch de Woi mid Gligg em Kella,
donn vengda o, de grouße Renna:
was wärd uns all die Ärwed bringe?
Un wonn? Un dess, vor alle Dinge.

Dringg iesch e Väddl irgendwo,
so schdell iesch mir dess bildlich vor:
O Achdl noch vum gonze Lidda
dess schdeed uns zu − un dess isch bidda.

En de ledschde Woch vunn em Quadal
do wärd als ebbes ausbezahld.

Doch offd dudd ma vageblich waade.
Un dess Johr hodd ma gonz vagesse,
daß Winzaleid a esse messe.
Un Helfa messe sie bezahle
un Dünger un a Chemikalie.
Doch vunn Gerücht un sollchesgleiche
konn koin Winza Schuld begleiche.
Un vunn »vielleichd« un vunn »Gerücht«
konn leewe a de Beschde nicht.

Hohngelächter

Lohnkarussell aus der Sicht eines Bauern
März 1988

Wie Hohngelächter klingt's im Ohr:
Wehgeschrei vom Gewerkschaftschor.
Sie streiten laut um Geld und Stunden,
seh'n nicht, wie andere geschunden
um's Überleben kämpfen müssen,
trotz viel Gered' und Kompromissen.

Ein Feuerchen auf Bergeshöh',
ja, das war brav, tat niemand weh.
Da meinten Bauerndemonstranten,
man würd' sie sehn, hätt' sie verstanden.
Doch hier wird Recht, Gesetz gebrochen.
Am Ende wird dann zugesprochen,
was sie verlangt, was sie erkämpft.

Doch eines sollten sie bedenken:
Die Kluft, sie wird sich weiter senken;
und dann, wenn alle Bauern tot,
wer baut dann unser täglich Brot?
Wenn Felder ohne Früchte sind,
nur dürres Gras, Gebüsch und Wind?

Direktvermarktung

22. Februar 1988

Wie mach ich´s nur und was, wieviel
in diesem neuen Bauernspiel?

Wie bring ich meine Früchte weg
und Fleisch und Wurst und Rückenspeck?
Wie geh ich mit den Kunden um,
schlag mit Gesetzen ich mich rum?

Wie finde ich am Markt noch Lücken
wie meistre ich die vielen Tücken?

Der Fragen sind´s so viel und lang,
»Was wird´s uns bringen?« frag ich bang.

Mit Zuversicht wolln wir beginnen,
damit wir wieder Land gewinnen.

Europa ist das große Ziel,
in diesem Überlebensspiel.

Nach einem Direktvermarktungsseminar, als Eintrag ins Gästebuch der
Bauernschule Nordbaden.

Wahlnachlese

Nun sitzen sie wieder auf ihren Rossen
den Pfründen der Macht.
Der Bürger, er hat sie erwählt und gesprochen.
Die Einen, sie sind jetzt zufrieden, frohlocken,
die Anderen sind enttäuscht und gebrochen –
die vordem so sicher, die andren belacht.

Man wägt jetzt und wichtet
und ratet und richtet –
warum und wieso – es so ist – nicht so?

Der Bürger, er hat nun gewählt und gesprochen
und hofft auf die Früchte, die ihm all versprochen.
Der Alltag kehrt wieder mit hartem Geschäft
und das was versprochen –
ist vergessen und schläft.

Am See

Zeichnung nach einem Foto von A. Ihle

Die Kur

18. März 1991

»Boote ausrichten, Schlagzahl erhöhen«, heer iesch wie
aus emme Laudschbrecha. Iesch gugg ´s Fenschda naus.
Unna mir schbiggld sich de Bodesee, flach wie e Flunda.
Vum onnare Ufa wingd e bundi Haisaraj vum e
Schdäddl riwwa. D´ Märzesunn dringd wärmend durch
moi offes Fenschda roi.
»Wir haben ein schönes Einzelzimmer für Sie mit
Seeblick und Südbalkon«, isch em Brief gschdonne, der
mir midde Februa ens Haus gfladdad isch. Iesch hab
uffgschnaufd, nedd wejem Seebligg, sondann weje de
Töön, die i nachds vunn ma geb. Awwa de Seebligg isch
schu e scheeni Zugab. Ruisch ischs do wie de Hoom.
Grad ab un zu rauschd emool dreisisch värzisch Meda
diefa en Zug vorbei; awwa sunschd isch´s ruisch –
ruisch. Morjeds em Fünfe, wegge uns d´ Amsle un e
paar onnare Veggl. En Schbechd glopfd ab un zu
enneme Forleboom rum »dagdagdag-dagdagdag«.
Geschdann Oowed, war iesch telefoniere, zee Minudde
Fußmasch end Tellefoonzell durch e gloons Wäldl.
Rechds un lings Bisch; es war dreiväddl siwwene. E
Gedees hewwe do d´ Veggl gmachd un e Gezwitscha
hewwe die vafierd! I hab gedenggd: »Daß es
iwwahaubd noch sou viel Veggl gibd?«
»Aha«, sari zumma. »Die paare sich, ´s wärd Frijohr.«
Heide morje hodd de Lieselodde ihr Audo ausgseje wie
wonn´s unnarem Hiehnaschdall gschdonne wär.
»Gee naus un schaff doi Audo weg, sunschd musch
noch mimm Mischdgrobfe droogee«, hawwi zu ihr
gsaad. Vunn irgendwu heer heri Mussisch aus emme
Radio, pardon »Transischdor« haasd dess heid. E paar
Fetze Unnahaldung vum Balkoon durchdringd die
Schdill.
»Boote ausrichten, Boote ausrichten«, heeri widda.

Hinna de Beem schiewe sich zwaa Rudaboode vor un
wie en Humml kreist e gloons Modoorboodl um die
rum. »Aha, dess isch der Schreihals, en Sklavedreiwa,
wie konn iesch miesch do konzendriere.« E Gschichd
will i schreiwe vunnare Bohnfahrd en Indie, do hodd mi
sou en uffgebloosene Bollizischd während de Zug
ghalde hodd vahaffde wolle, i heed e Beddlarin
fodografierd.

»Give me Ruppies, give me Ruppies«, hodda imma
lauda gschrawwe. Debei hawwi doch grad de
Fruchdvakäufa gegnibsd un die Beddlarin mid ihrm
Blechnabf isch zufellisch neewe droo gschdonne. Jesus,
war dess e schee Bild. »I give not Ruppies«, hawwi
zuriggschrawwe. »I tuc pictures from fruitman.« De
Bolizischd isch awwa imma wilda worre. »Passport,
Passport«, hodda donn gegrageeld un hodd mi gepaggd
un abgfierd. Beim Boohoufgebeide hewwe e paar
Gschdalde hinna de Gidda vorgeguggd wie em
Wildweschdfilm. Die hewwe sich schunn gfreid uff mi.
Do heedi em neggschde Daag graad noch d´ Unnahouse
oghadd un doodevor Leis un Flee geerbd. Zum Gligg
isch unsan Owwaguru uffem Bohnschdeig rumgetonnd.
Er hodd die Siduation glei erfassd, isch glei zum
Zugfiehrer vorgrennd, daß der nedd abfährd.
Middlaweil hodd der Bolizischdeseggl vor lauda Wuud,
dassim koo Ruppies gewwe hab, ´s grouße Oigangsbuch
uffgschlaare un d´ Passnumma oigedraare. Unsan Guru
kummd roi un schdell sich denne onnare Bollizischde,
die hinnam Dreese ghoggd senn, vor. »Malavia«,
sechda; dess isch en Indie grad sou wie wonn ma bei
uns »Weizegga« odda »Schdoldeberg« saare ded. Die
Kerl senn alle blaß worre un hewwe donn glachd. E
bissl Gwelsch, en Wingg vum Boss, iesch mach moin
Film mid denne scheene Bilda raus, die saare noch
donggschee un mir dompfe ab. De Ruppiemann war sou

Indische Frau; gezeichnet nach einer Fotografie von A. Ihle

blass, daß man' abschdeche gekennd heed, do wär
wirglich koo Bluud kumme.
»Was hoschen widda oogschdelld?« bin i empfonge
worre; awwa alle senn frou gwessd, dassi mi widda
ghadd hewwe.
De Zug fährd en Richdung Weschde, em Morje endgeje.
Ruh isch jedzd en unsam Abteil – die Uffrejung leegd
sich.
»Awwa der hinnalischdisch Ruppiemonn hodd schunn e
Empfongskommitee en die neggschd Haldeschdell
allarmierd, iesch glaab sogar, der hodd unsan Warre
gezaichld. Kaum schdeed de Zug, iesch gugg 's Fenschda
naus, schdeene schunn e paar Rabauge draus un
schdochare mid longe Bombusschdegg zum Fenschda
roi. Vunn »Colours« un »Pictures«, heeri si welsche.
»Aha, dess gild uns.«
Fenschda zu – Lichd aus. Dier varommle war's
neggschd, zum Gligg hodd die Dier en Riggl un's
Fenschda, dess sowisou schun gloo, hodd schdabiele
Gidda, wie en alde Viehwarre. Em Gong vor unsam
Abteil fengd's Geschnadda erschd rischdisch oo. Die
bollare wedda die Dier un wolle si oidrigge, uffbringe
dunne si si nedd. Drodzdeem grieje mir Engschd, mir
senn graad zu vierd. Die onnare 30 vunn unsare Grupp
sinn enne me separade Waggon vonne oiquadierd.
Donn heerd sichs oo wie wonn sich e paar vaglopfe
deede un dess gehd biss end neggschd Haldeschdell,
donn ischs bledzlich ruisch.
Mir fahre erleichdad demm Morje zu. ...

Jesus, iesch bin jo en de Kur. Ausruhe, Körba deene,
Fango, schwimme, Bääda. Massaasche, wonnare un vor
allem abnemme. – Donze, wonn ma ooweds noch konn.
»Molkekur«, hodd die freundlich Doggdann gmoond –
onnaschd gehds nedd. Also Molkekur mid lings
gedrehde Molke mimm Leffl longsoom schlugge, e paar

druggede Broodgruschde va de gonze Daag. Em fünfde
Daag isch moi hibschi Nochbarn aus de Freiburga
Gejend vum Schwimme dehoom gebliwwe. 's wärare
nedd sou guud, hodd si gmoond.
Ooweds bin i d' Dier noi un schunn hodds Tellefoon
geglingld:»Könnte Si mool riwwa kömme, i bin krank.«
Iesch saus niwwa. Wie e Heifl Elend guggd si aussem
Deggbedd.»Könnte Si mir meine Teekanne mitnehme?«
»Ja, was isch bassierd?«
»I han naus welle, blödzlich isch mirs schwarz worde,
wie ich zu mir komm, seh i grad noch die Doggdann
mid de Schbridz en de Händ.«
De Sebb, Kur- un Zuggaerfahre moond:»Dös war de
schwarze Mann.«

Modivizierde Molkekost wär vielleichd bessa, moond
em neggschde Daag moi hibschi Doggdann, do heed ma
wennigschdens ebbes zu kaue. Siwwe Killo en oonare
Woch wär doch schu gonz schee.

Geschdann oowed ware ma donze, die Kellnarin hodd
uns gar koon Bladz gewwe wolle, mir deede doch graad
Wassa saufe − wu doch sou e oodermlichs Glessl Wassa
fünf Marrig koschd. Achd Leid senn ma schunn
gwessd. De Pius isch gonz wild worre. Iesch bin end Bar
und hab e Zeidung gsuchd.»Kann ich Ihnen helfen?«
moond die Scheffin.
»Ja, iesch will grad gugge wu was lous isch, mir senn zu
achd un achde kumme noch, awwa die Kellnarin will
uns koon Bladz gewwe.«
Schunn hodds geglabbd. Godd, wie konn ma doch doo
widda sou schee donze, wonn ma e paar Killo hunne
hodd. Oona vunn de onnare Clique hodd Bilda gmachd.
Em Bleedsinn hodda gmoond, er will Geld devor,
sunschd deeda si de dehoomgebliwwene Ehehälfd
schigge.»Do bisch awwa schlechd droo«, moond Inge.

»Moin Monn hodd heide Morje oogrufe un hodd
gfroogd, was i heid oowed dreiwe deed. Mimm Godfried
gee i donze, hawwi gsaad, donn hodda gmoond, sechsch
em Godfried en scheene Gruß, er soll guud uff Di
uffbasse, gell, jedzd hoschs!«

Fünfefuchzisch isch si heid worre. Vorrem Friehschbord
hawwema re e Schdendl gsunge. Mid de Berschd
zwische de Zeh isch si raus kumme un war gonz
iwwaraschd. Iesch hawware e Gebordsdaagsgedichd
gschriwwe un vorgedrare do isch si gonz noo ens Wassa
kumme. De Arthur hodd e selwagmachds Kerwl
iwwareichd un hodd gmoond:»Da, daß doim Monn
aamool en Korb gewwe konnsch.«

Mir senn zu dridd em Disch gsesse: De Sepp, en Rendna
aussem Markgräfla Lond, de Emil, en Buu aus de
Ordenau un iesch. Sabine, unsa hibschi Bedienung,
kummd en de Disch.»Sie sin doch drei äldare nedde
Herre. – Morge kommt ein schwerbehinderter Herr,
könnt ich ihn an Ihren Tisch setzen?«
´Älda´? – Was heer iesch doo gonz erschrogge?
Ihr Charme un unsa Menschlichkeid bejahen ihre Bitte.
»´s isch a en Mensch, warum nedd?«
»De Arthur isch schwerbehindert, Kinnalehmung en
soim dritte Lebensjohr. De Arthur isch heid nimmi
wegzudengge. Alle hewwen geern un er freid sich iwwa
jedi Zuwendung. -

De Pius isch en luschdische Voggl, em liebschde deeda
imma ebbes ooschdelle.
De Pius hodd en Geldbeidl gekaafd. Er lefd durch de
Kurpark, sedzd sich uff e Benggl un dudd soi Geld
umschichde.»Godd, was mach i mid demm alde
Schlabbe?« Er errinnad sich ens Geldbeidlschbiel, leegd
dess guude Schdigg drei Meda weida uff de Fußweg. E

eldas Ehepaa kummd oikhenggd doheer – de Geldbeidl
isch schu zwische beide, de Pius denggd schunn
»Scheiße!«, bledzlich biggd sich dess alde Mendl un der
Korpus Deligdi vaschwind en de Kiddldasch. De Piu
rennd hinnaheer:»Hee, Sie, Sie hawwe moin Geldbeidl
oigschdeggd!«
»Waas?«
»Ja, iesch hab Sie genau beobachd!«
»So, so, das müssen Sie aber beweisen«, moond die onna
Ehehälfd.
»I habs gseje, en de rechde Kiddldasch. – Leida.«
»Ja so«, moone die beide schbidzisch un wolle weida.
»Sie, ich geh zu de Bollizei, do schdeed moin Noome
drinne!«
Die Fraa longd en ihrm Monn soi Kiddldasch, ziegd de
Geldbeidl, mechd en uff un wärd gonz blass. »Sie
Saukerl, da ist ja gar nix drinne, Sie haben uns
hereingelegt!« schreid die Fraa vor Zorn un
Enddeischung.
»Ja ja«, moond de Pius gonz uschuldisch. »Sie hätte sich
ja mal umdrehen können, ich hätte Ihnen gleich sagga
könne, daß der Geldbeidl mir ghörd un schließlich
konn ich denn noleere wo ich will, gell!«
Die beide drolle sich varschäämd.

´s Tellefoon bimmld.
»Hallo, hier Zimma oonevärzisch, was gibds?«
»Ha wo binni denn?« heeri demm Emil soi Schdimm.
»A em Zimma oonevärzisch, kennsch mi nedd?«
»Ha, doch kenn i di, awwa dess koosch Du gaanedd si, i
han 4915 oogriife Haidenei.« –
»Emil, Du schwedsch doch mid ma, do bin is doch aa,
Du Seggl!«
»Noi, Du kosch dess nedd soi, Haidenei«, un leegd uff.

Geschdan Middaag bin i ens Schdäddl noigloffe, Tippex brauch i. Uff omool sausd de Sebb umd´ Egg rum, rennd mi schier um un fluggs, ischa ennare Wärdschafd drin. »Sagra«, dengg i, »der ziegd oona.« – Gugg durch die Glasdier – de Sebb isch vaschwunne.

»Abwaade«, dengg i, »die ware doch zu zweid. – Wu isch do de Emil?«

De Sebb dauchd uff, wija vaschwunne isch.

»Sebb, wu kummsch heer?« froori volla Uuschuld.

»Ha, do drinne heggeda der Seggl un hed soou en grooße Della voll Wurschdsalad un ondare Wirschd vor sich schdeene un Schungge«, vazehld der un beschreibd mid beide Händ en Kreis, sou grouß wie en Logusdeggl.

»Unn e Virdele hedda vor sich schdee.«

»So so«, moin Maare ziegd gonz arrig Richdung Emil, moi Härnn flischdad: »Bauch weg, Bauch weg.«

»Proschd Emil«, sari zu mir, fieg mi un droll mi grinsend.

Beim Nachdesse hoggd de Emil gonz uuschuldisch em Disch un leffld soi Sibbl. Iesch will en grad froore, obba heid middaag halbzeid gfeijad hodd. De Sebbl mergd dess un winggd gleich ab. I frozzl donn annaschdrum.

»Emil, wie wär dess, wonn ma heid oowed halbzeid feijare deede? E gscheids Feschba un e druggeds Väddl?« De Emil reagierd iwwahaubt nedd un dudd weida uuschuldisch, der ald Gauna. Sou en Dunnawedda.

Vorrem Kaufhaus dreff i zwuu onnare Midschdreidarinne.

»So so«, sari. »Habd Ihr gsindischd?«

»Noi, noi, nur Kaffee«, schweere die beide.

»Was mechd´s Gwichd?«

»Imma bessa, un bei Dir?«

»Do gugg«, sari un gugg on ma nunna. »Iesch seh widda alles!«

»So so«, lachd moi gejeniwwa. »Häsch Schbiggleija
kaa?« – ...
Was die Weiwa doch alles wisse wolle!

Was doch sou e Kur alles bewirge konn. Irgendwonn
sidzd d´ Maria, unsa jingschdi em Oigongsdisch.
Blonde, schuldalonge Hoor un gonz en schwarz. Si
schdochad luschdlous en ihrm bissl Esse rum. Wie si
sich umdrehd, seh ich e gonz verhärmds un
niedagschlaares Gsichd, als wonn si moone deed, si wär
ens Gfängnis kumme. Si sidzd doo wie e Heifl Elend.
Noch drei vier Deeg isch si nimmi widdazuerkenne.
Iesch glaab, ma keend Gail middare schdeele, sou
uffgedaud isch si.

Iesch gugg aussem Fenschda nunna zum See.
D´ Oowedsunn dringgd bluudroud durch Bisch un
schbiggld sich em Wassa. D´ Veggl fonge ihr Konzerd
widda oo.

Ein Frühlingstag

7. März 1989

Welch schöner Frühlingstag!
Ein Tag der uns von Gott geschenkt.

Siehst Du die Zweisamkeit
der roten, schwarzgepunkteten Käfer?

Siehst Du am sonn´gen Hang
der Gänseblümchen bunte Pracht?

Hörst Du der Vögel Stimmen
und ihr Rufen?

Siehst Du des Rebenblutes
stetger Tropfen glitztern in der Sonn?

Welch schöner Tag!

Spürst Du die Wärme
auf Deiner Haut?
Die Kraft, die Leben bringt?

Welch schöner Tag – – –

Licht und Schatten

Dezember 1990

Dein Schatten fällt mir
ins Gesicht
Ich spür Dich, doch
ich seh Dich nicht

Laß mir den Traum
im Spiel der Zeit
die Sehnsucht
nach Unendlichkeit

Gib mir die Kraft
im Liebesstrom,
der Herzen Schlag
der Treue Lohn
Dein Schatten wandert
von mir fort
halt still, halt still!

Frühlingserwachen

März 1991

Vogelgezwitscher dringt durchs Fenster
die lockenden Rufe der Amseln und Nachtigallen.
Liebesgesänge im Morgentau
in knospenden Bäumen und Büschen.

Die Sonn erhebt sich vom Schlafe
spiegelt zaghaft sich im ruhenden See
verströmt ihre blendende Helle
erwachend spür ich des kommenden
Frühlings Wärme.

Unten am Ufer dümpeln bunte Schiffe
erwartungsvoll der Sommersonne entgegen.

Zaubermorgen

Du – hörst Du mich
spürst Du den Zauber
dieses jungen Morgens
hörst Du die Vögel
wie sie schon erwachen
und Liebeslieder singen
siehst Du der Sonne helles Band?
Ein neuer Tag wird uns geboren
ist Gott auch heut mit uns?

Abendstimmung

29. März 1991

Die See liegt still im Abendrot
und spielballgleich versinkt die Sonn
am Horizont ins Nichts
der Dämmrung weichend.

Die Nacht wacht auf
der Vögel Liebeslieder in sich saugend.

Das Spiel der Sternenwelt
verstrahlt Unendlichkeit.

Nachtgeister

Ordne Deine Gedanken
ehe die Nacht Dich umfängt.
Denn unruhige Geister
rumoren in Deinem Schlaf
Sie werfen Dich
zu den Abgründen
Deiner Sehnsüchte.
Nur der Tag
bringt Dir Erlösung
mit der Härte des Seins.

Götterspiele

30. März 19.91

Der Mond scheint mir ins Angesicht
und spiegelt gülden glitzernd
sich im nächtlichen Gewässer.

Die erste Amsel ruft
zum frühen Wecken.
Ein Bläshuhn lockt am nahen Ufer.

Schlaftrunken hör und seh ich
des Tageslichts erwachen.
Wie Nacht dem Tage weicht.

Welch göttlich Spiel!
Ich recke meine müden Glieder.

Gänseblümchen

Erst sah ich zwischen grünem Gras
ein Gänseblümchen sprießen.
Ich sah genauer hin,
da warens vier, dann fünf,
der kleinen weißen Schellen.
»Wart nur«, dacht´ ich,
»die Sonne kommt, dann kriegt ihr viel Gesellen.«
Ich kam am dritten Tag,
da war´s ein Meer von Blüten.
»Herr«, denk ich jetzt voll Übermut,
»laß mich hier Gänse hüten.
Laß liegen mich im hohen Gras,
und träumend zählen Gottes Schaf´.«

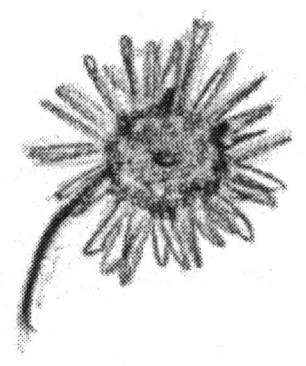

Der Stock

Als Gott dereinst entäuscht voll Frust,
da nimmt er Adam sich an d´ Brust.
Er hätt´ auf Eva, das sein Weib
nicht aufgepaßt, das gäbe Streit.
Er nahm von einem Baumes Ast
´nen Stock, womit er beide schaßt.

Der Stock sollt´ dann somit auf Erden,
Symbol von Macht und Größe werden.
Auch Aaron schlug als er voll Durst
mit einem Stock an Judas´ Felsenbrust.
Mal abgewandelt mit ´nem Spitzen,
ward er zum Speer zum Bäuche schlitzen.
Dann wurde er mal hohl aus Eisen,
zum Instrument, zum Blei verschmeißen.
Ganz klein war er, als in der Schule Kindern,
der Lehrer schlug mit auf den Hintern.
Aus Hasel, Weißdorn, Schwarzdorn, Buche
zum Wandern und mit einem Knauf,
war er von alters her in Brauch.
Mal schön geschnitzt, mal voll Plaketten,
mal stolz geschwungen und mit Ketten.

´ne alte Dam´ mit Hut und Mantel,
die saß im Gang zwischen Tür und Angel.
Sie hätt ´nen schwarzen Stock mit Knauf,
vergessen in dem großen Haus.
Denn ohne Stock, weil sie gebückt,
kann sie alleine gehen nicht.
Wo ist der Stock, so schallt´s im Haus,
es liefen dann treppauf treppab,
zehn Menschen wohl den Gang hinab.

Da stand er nun der gute Stab,
im Zimmer vier, gleich hinter einer weißenTür.
Er hat 'nen schwarzen Freund dabei,
man denkt sich da so allerlei.
Nun meint der eine zu dem andern:
Jetzt wollen wir gemeinsam wandern.

Perlen

Als ich in Fango wohl verpackt
im Schweiße lag und hört' der Uhren Takt,
da spür ich aus des Haares Tiefe,
'ne Perl aus Salz und Wasser liefe.
Sie kroch bis an der Stirne Falten,
besann sich dann und blieb jetzt halten.
Ich träumt' daß eine zarte Hand,
die Perle striche in den Sand.
Ich dreh den Kopf, doch welch ein Frust,
die Perle läuft zum Ohr, zur Brust.
»Halt an.« Sie scheint sich jetzt zu fügen.
Bleibt in des Ohres' Mitte liegen.
Ich denk, wenn ich jetzt tausend Jahre
als Mumie läge, Gott bewahre!
Die Perl' aus Wasser Kalk und Salz,
zur echten Perle würd' mit Glanz.

Hollerbusch un Pandabär

Öffendliche Verkehrsmiddl soll ma benutze, wird
iwwaraal gebreddichd: – mimm Bus odda Zug fahre,
dess Audo schdee losse odda gonz abschaffe. Dess isch
glei gsaad, awwa dess gehd nedd imma, wonn ma
schnell doo odda dord noo muß.

Jedzd en de Kur hawwi Zeid, koi Audo un bin zudem
noch em scheene Bodesee. »Combicard« isch en de
Zeidung gschdonne. Dess wär dess richdische, wonn ma
uff d´ Ausschdellung noch Friedrichshafe will. – Bis
vors Door keend ma do fahre. Also guud, fahre ma mool
mimm Bus de Bodesee endlong.
9.10 Uhr schdee iesch en de Haldeschdell, pingdlich
kummd de Bus, drei Leidlin hogge drin. Soll dess alles
soi? –
Zwuu weidere Haldeschdelle. – Widda nix.
Bei de dridde, midde en de Schdadt, bletzlich en ganze
Pulk vunn Mensche.
Noch Birnau wolle die oone, doo wu die schee
Barokkerch gonz eloo midde en de Londschafd vum
Bodesee schdeed.
»Meersburg Fähre, Friedrichshafen Ausstellung«, heri
dann noch aus em Gmurmel mimm Fahra.

Schwoowe, Schweiza, Allemonne, Englenna un waas
Godd was alles. – E babilonisches Sprochgewirr. Rechts
sitzt e älderes Ehepaar, alle zwaa gloo un rund. Sie e
Neschdl un e Kopfduch uff, en Henglkorb uff de
Schouß. Wonn do en Goggl rausgeguggd heed, heedi mi
nedd gwunnad. Er e Dadschkapp uffem Kopf un e
Knollenaas em Gsichd, wie de Blumepeeda odda wie en
ungarische Sauhird.
Koi Word felld bis Friedrichshaafe.

Haldeschdell noch Haldeschdell, Mensche – hinne naus
un vorne noi.
E laudi schwäwischi Fraueschdimm schdreid mimm
Fahra rum:»I hann nur de halwe Breis zu zahle, gell!«
De Fahra brummld – gibd nooch. Jeda will ebbes onnas
wisse: Zahlschdell, Auskunftei un Fahra en oonem.
Fahrzeide oihalde un doodebei a noch ruischbleiwe.

E jungi Mudda mid em gloone Bu schdeijad die Bonk
vor mir oo. De dreijährische Bu, en Pandabär em Arm.
»Wend ardisch bischd, dann griegschd de erschde Preis,
dann bischd Weldmoischda. – Lueg, de Babbe, der muß
zahle. Lueg, lueg. Nimm dess Bärle uff de Schoß.
Bleibsch nu endlich hogge? Do lueg, e Yamaha!« –
»Ädsch, ädsch, dess isch e Kawasaki, gell Babbe?« – Der
niggd.
D´ Schwowegosch:»Ersatzteillieferande wäre die, isch
en de Zeidig gschdoo.« – Allgemeine Zustimmung.
»Muedi, e Schiff, e Schiff, – lueged, lueged!«
»Hannoi, dess ischd e Fährschiff, do dued mrr Audos
noilade Bieble, Audos!«
»Audos?« – Dess Pandabärbieble mecht grouße Aare.
»Muedi, Muedi, e Voglneschd!«
»Noi Bue, dess sinn Mischdl. Woisch, wie beim
Aschderix.« –
»Aahh! Un wie beim Idefix. Gell, Muedi?« –
»Bue, jedzd gibsch a Ruh! Sisch, de Babbe, der said au
nix.« –
»Mamme, Mamme, bin i dann Weldmoischdr?« –
»Ja, ja, e Ruh jedzede.« –
»Mamme?« -
»Ruh!!« -
Dess Biewl widmed sich jedzd soim Pandabärle.
Die Knollenaas un soi Babedle schdeije aus, so schdill
wie si kumme senn. Drei hibsche Grazie schdeije zu.
Schdruwwlhoor un so blaich wie´s leibhafdische Elend.

»Komdr vom Disco?« frägd die Schwoowegosch.
»Logo!« gwedsche si zwischem Kaugummi vor un falle
uff die Bonk no.
Ausschdeije, oischdeije – ausschdeije, oischdeije. –
»Haldeschdell Messe«, rufd de Fahrer, de Bus leerd sich:
»Viel Vergnüage, viel Vergnüage!«
D´ Busgesellschafd vaschdraid sich wie noch em
Turmbau zu Babel, noi en de Messeschdress. –
...
16.10 Uhr: Iesch schdee mied un abgekämpfd en de
Haldeschdell vor de Messehall. Bledzlich knallds hinna
mir. Iesch dreh mi um, un wer schdeed doo? –
´s Pandabärbiewel.
En de Hond hodda e lufdbumbähnliches Bambusrohr.
Vorne baumeld ennere Schnur en Korkschdopfe.
»Aha«, dengg i, e moderni Hollabichs.
Die Momme schdeht schdrahlend hinne droo.
»Ei wo häsch denn dei liabs Pandabärli?« frog i.
»Ha, ha, ha«, lachta un feixt rum. »Lueg, lueg, im Sack
drinne.« Er zeigd uff en Rucksack, denn offebar de
Babbe rumschlebbe muß.
»Jesus, jedzd isch´s erschd en richdische Bu«, denk i.

»Einsteigen – einsteigen!«
E hübschi Messehoschdess dreibt die Passagier en de
Bus, nochdem sie erschd mit demm Fahrer weje de
Vaschbeedung e Moinungsvaschiedenheid ausgedraare
hodd. Der Fahra schdeed uff Hunnad. »Die kann mi
mal«, heer iesch vunn vorne.
Endlich gehds lous.- Grad nohogge un droome. –
E gonzi Schdund.

E Hollabichs? – Wie war dess noch vor fuchzisch Johr?
– Als Buuwe hewwe mir die Hollabisch en de Bach
geblindad. Scheene, grade Schdigglin hodd ma
gebrauchd. Zirka drei bis vier Zendimeeder dick. Mid

*emme Droht hewwe mir dess Hollamark rausgegrubbd
un sou e Rohr heergschdelld. Jedzd mit erre
Hasselnußruut un emme dinnere, kärzere Hollaschdiggl
en Schdempfl hergschdelld un en dess längere Rohr
noigebaßd. En Pfropfe braucht ma noch – verddisch
isch die Hollabichs. De Pfropfe fliegd donn durch die
Kombression der Lufd beim Vorschiewe dess
Schdempfls mid emme »Blobb« aus demm Rohr.
Wonn ma doomols Korke khat heed, wär dess gonz
oofach gwessd. Rohe Kadoffl hewwes soi messe. Rohe
Kadoffl? –*

*»Bu«, hodd mei Mudda gsaad. »Die brauchd ma zum
Esse.«*

*In der Tat. Iesch seh heid noch, wie der longe Professor
vunn Heidelberg en unsam Sauooma d´
Kaddofflscheelsing rausgsuuchd hodd – ja, zum Esse.
»Mudda, gugg emool, drauß schdeed oona un isst
aussem Sauooma«, heri mi heid noch saare. Er war
vunnare Donde zu uns uffs Lond gschiggd worre, dassa
sich emool widda satt esse konn. – Nadierlich nedd
vunn Kaddofflschaale.*

*Iesch schweif ab. Sou hewwe mir hald die needische
Kadoffl zum Schieße aussem Kella gschdribsd, was uns
e Drachd Briggl oigebrochd hodd. Em Geballere hodd
ma dess Deliggd erkonnd. Dess war vorerschd dess End
vunn de Hollabichs.*

Ausschdeije, oischdeije – ausschdeije, oischdeije. –
Iesch merk neddemool, wie un wonn sich moi
Pandabärlebiewlsfreund aussem Schdaab gmachd hodd.
Bledzlich isch de Bus leer.
»Haltestelle Goldbach«, rufd de Fahrer.
Zu dridd senn ma noch em Bus. De Fahrer, de erschd
Gaschd vunn heit morje un iesch. Wehmiedisch gugg
iesch demm Bus nooch. Die Fahrd war scheena wie die
gonz Ausschdellung.

Seeseids winggd mir die ehrwürdisch Kabell dess
»heiligen Sylvesters«. Iesch drehd durch e glooni Pford
in dess schdille Areal um dess Kierchl un geh nunna
zum See.
Dess Kierchl em Rigge, die Beem drumrum un Bisch
schütze mi vor Blicke un demm Lärm vunn de nohe
Schdrooß. Iesch sitz em Wassa un werf Kisselschdoo en
de See.

Wie war dess doch?
Vor dausend Johr hodd ma die ald Kapell hinna mir
gebaud. 6500 Johr vorher hewwe die erschde Siedla e
paar Meda weida Pfahlbaude errichd un genau 9546
Johr vunn jedzd ab hodd en Komeed, der sich beim
Vorbeifluug en de Sunn en siwwe Deile gschbalde hodd
un donn en siwwe Punkde en de Erd oigschlaare isch,
die kadaschdrofahl Sinntfluud ausgleesd. Dess hodd en
österreichische Professor en seim Buch »Und die
Sinntflut gab es doch« behaubd. Grad e paar Mennlin
un Weiwlin uff de Berg un en de Hehle wäre uff derre
ganze Weld iwwarisch gebliwwe.
Un kaum dreidausend Johr schbeeda hodd donn doo em
Bodesee sou en Diffdla de erschd mechanische
Hohlbohrer konschdruiert um Lecha end' Schdee zu
bohre. Dess Befeschdische vunn Hagge, Hemma, Beile
un Schdreidäxd isch soumid erleichdad worre. Un was
hodda doodezu gebrauchd? – En Schdaab vunn emme
Hollabusch. En dess Hohlrohr hodda Quarzsand
noigfilld un mid emme Flitzebooge dess gonze
ogedriwwe. Faschd en de gleiche Zeid hodd ma en China
dess Schwarzbulva erfunne. -
Bambus. Ja, aus Bambus war demm Pandabärlesbiewl
soi Hollabichs.
Un genau sou en Bambusschdecke hodd en schlaue
Chinees irgendwann Schwarzbulva gfilld. Un was isch
draus worre? – Die goddvardammde Schießbriggl, mid

denne sich die Mensche heid uff de gonze Welt
umbringe.

Bambus. Ja, Bambus hawwi gseje endlong vum
Bodesee. Awwa ganz selde en Hollabusch. Wär ´s nedd
bessa, ma deed Hollabisch pflanze un denne Chineese
ihr´n Bambus losse, daß die arme Pandabärlin, die
grad vunn demm Zeigs leewe kenne, ebbes zu fresse
hewwe?
Was kann ma doch vunn sou emme Hollabusch alles
mache. Vunn de Bliede: Hollunnasekt, Hollunnasirub
un Flammkuche mit Hollunnabliede un Speckbregglin.
Vunn de Beere: Hollunnnasaft geje Vakeldung und
sauguude Hollunnaschnabs. Un schließlich Fudda fa die
arme Veggl em Winda.

Pandabäre, Bambusschdreicha, Hollunnabisch, Kerche
un Pfahlbaude, Sunn un Wassa, Komedeoischlag un
Sinntfluud. Mensche, die uffbaue un zerschdeere.
Mensche, die denn Kern zu ihre eigene Zerschdeerung
selwa schaffe.

Vor 9546 Johr senn die paar iwwarisch gebliwwene
Mensche aus ihre Hehle gekrawwld un hewwe en neije
Oofang varsuuchd. Sie, die vorher em Paradies gleebd
hewwe, senn bledzlich ennare hohle, leere Welt
gschdonne.

Heid brauchd es grad en Bruchdaal vunn demm, was
doomols oona vunn denne riesische Brogge gwoore
hodd, um mit erre Keddereaktion enne me weltweide
Inferno d´ Menschheid gonz
auszurodde. E Chance, wie´s doomols gewwe hodd,
beschdeed beschdimmd nimmi.

Nachwort

Heute, am 63. Geburtstag meines Vaters, sitze ich vor diesem »technischen Wunderwerk von Computer« und überlege mir Worte, die ich zum Andenken an den Bauern, Winzer und Dichter Alois Ihle – zum Andenken an meinen »Paps« schreiben könnte.

Im August 1999, kurz vor Fertigstellung dieses Buches, verunglückte mein Vater tödlich. – Ein unvorstellbarer Schock und Schmerz für uns alle. ...

Die letzten Stunden, die ich mit ihm erleben durfte, verbrachten wir in gemeinsamer Arbeit an diesem Buch. Wie schon so oft, las er mir seine Texte vor und ich tippte eifrig in die Tasten, damit wir unserem Ziel wieder etwas näher kamen. Ganz verwundert über seinen plötzlichen Tatendrang druckte ich ihm an diesem Tag aus dem Computer Texte aus, die er selbst die vorhergehenden Tage eingetippt hatte. Ich schwankte zwischen Belustigung, Anerkennung und Zweifel: Endlich hatte er seine Skrupel überwunden und sich wieder an den Computer gewagt!!

Und so trug er voller Elan bis hin zu seinem Todestag noch einige alte und neue Geschichten zusammen und tippte sie in »Nachtarbeit« voller Optimismus in den Rechner.

Diese Texte, aber auch die vielen anderen, die wir seit dem ersten Probeentwurf im März 1998 zusammengetragen haben (siehe Vorwort von A. Emmerling), machten aus den anfänglich 118 Seiten runde 40 Seiten mehr!!! Heute nun, an seinem Geburtstag, habe ich die letzten Textzeilen eingetippt und auch wenn ich weiß, daß vor Abgabe der Diskette

an die Druckerei noch eine weitere Überarbeitung
(...mit erneutem »verbessern« und »verschieben«...),
notwendig ist, möchte ich sagen:
> *»Paps, wir haben es geschafft!!*
> *Die vielen Stunden gemeinsamer Anstrengung haben*
> *sich gelohnt!«*

.... Ich finde, die vorliegenden Texte zeigen mir, meiner
ganzen Familie und allen Lesern den unverwechselbaren
Charakter meines Vaters. Er wird in unseren Herzen
immer weiter leben!
Durch seine Texte hat er uns allen ermöglicht, hinter
sein eher ruhiges und behäbiges Wesen zu blicken.
Und so bin ich ihm für all seine lustigen und traurigen
Gedanken, für all seine Erinnerungen und für all seine
Ideale, die er uns vermittelt hat, über alle Maßen
dankbar. Diesen kostbaren *Schatz* kann uns niemand
nehmen und: »Paps, ich wünsche Dir, daß sich außer
mir noch viele auf den Weg machen werden, *ihn* und
damit *Dich* zu entdecken!!!«

Ulrike Ihle
Rauenberg, den 3. November 1999

Schreibbeispiele und Erklärungen
zur Mundart in diesem Buch:

Alois Ihle wurde in Schatthausen geboren und
verbrachte in diesem Dorf seine Kindheit und Jugend.
2/3 seines Lebens jedoch wohnte er in Rauenberg und
so erklärt sich, daß in diesem Buch die Rauenberger
Mundart bei weitem überwiegt. Trotzdem sind manche
Schatthäuser Ausdrücke und Aussprachen – gewollt
und ungewollt – mit eingeflossen.
Mundart-Kennern bleibt dies sicherlich nicht
verborgen!!!

Hier einige Gedanken zur Schreibweise dieses Buches:

Im Dialekt werden Selbstlaute oft übertrieben
langgezogen gesprochen. Um diese übertriebene
Ausspache zu verdeutlichen, wurden bei manchen
Wörtern die Selbstlaute doppelt geschieben. Z.B.:
heedsch Du (hättest Du), emool (einmal), guude
(gute)

Im Gegensatz dazu werden Mitlaute eher »hart« und
»kurz« gesprochen. Um diese Aussprache zu
kennzeichnen, wurden bei den betreffenden
Wörtern die Mitlaute doppelt geschrieben. Z.B.:
Schdogg (Stock), awwa (aber), hodd (hat), driggd
(drückt)...

auf ein »t« trifft man bei unserem Dialekt sehr selten. Es
wird durch ein »d« ersetzt oder verschwindet,
besonders am Wortende, ganz. Z.B.: Worschd
(Wurst), guud (gut), denggsch (denkst), ...

Auch das »ck« findet man im Dialekt sogut wie gar
nicht. Es wird meist durch »gg« ersetzt. Z.B.: Agga
(Acker), hoggd (hockt), driggd (drückt)...

Die Verbindung der Buchstaben »o« und »a« wollte
Alois Ihle in seinen Texten nicht eingehen. Das
Wort »kannst« beinhaltet im Dialekt z.B. weder ein
reines »o« noch ein reines »a«. A. Ihle entschied
sich hierbei für einen der beiden Buchstaben; bei
diesem Wortbeispiel für das »o« = »konnsch«. Wie
oben erwähnt, hat sich hierbei sein »Schatthäuser«
Ursprung durchgesetzt, denn in Rauenberg wird
eher »kannsch« gesagt! Weitere Beispiele für diesen
´ungelösten´ Buchstaben: Bonk (Bank), gonz (ganz),
donn (dann)...

Kleines Lexikon der Mundart – speziell zu diesem Buch

alleegero	*übermütig, lustig*
Apflbredd	*ein als Schutz gegen Mäuse »hängendes« Vorratsbrett für Äpfel im Keller*
Backnepf	*aus Maisstroh geflochtener Napf zum Brot backen*
Benggl	*kleine Bank*
Bodschomba	*Nachttopf*
Bordwarre	*Wagen aus Holz, der von Kühen gezogen wurde*
brosslich	*bröslig, krümelig*
Budscher (... die gonz Budscher ens Wasser)	*hier: die ganze Brühe, der ganze Wein ...*
Dauwe (.. driggd uff´s Hoiners Dauwe...)	*hier: drückt auf Hainers Schultern*
dschoggd	*joggd*
Duwagg	*Tabak*
Forleboom	*Kiefer*
frozzeln	*jemanden mit Worten ärgern*
g´fligglds (... g´fligglds Word)	*hier: ein mehrdeutiges, vielwendiges Wort*
Gedees	*lautes Geschrei*
gfrozzld	*siehe frozzln*
Giggl	*Hahn*
Glugg	*Henne*
Gnodze	*Randstück vom Brot*
Gobholz	*Abfallholz (vom Gemeindewald)*
Gradde	*Plückkorb*
Gudsl	*Gebäck od. Bonbon*
Guggug	*Kuckuck*
Gwelsch (e bissl Gwelsch...)	*hier: ein bißchen Gerede*

gwergld	*gearbeitet / ... etwas getan*
Hawwa	*Hafer*
Hienaleedale	*Hühnerleiter*
hinnasich	*hinter sich / rückwärts*
hossle	*die Trauben in der Butte durch Schütteln (des ganzen Körpers) »zusammenrütteln«*
Houfgiedl	*kleines Hofgut*
hüschd rumm	*mit Pferde- oder Kuhgespann links abbiegen*
hodd rumm	*mit Pferde- oder Kuhgespann rechts abbiegen*
Kärschegradde	*Kirschenpflückkorb*
Kerch	*Kirche*
Koores	*hier: die ganze Sippschaft, die ganze Familie...*
Kummed (... frisch gwiggsde Kummed)	*Kuh- oder Pferdegeschirr*
loosd (... de oone loosd owwe)	*hier: Wein vom Faß herauslassen*
Migg	*beim Pferdewagen: Drehkurbel zum Bremsen*
Mischdgrobfe	*eine vierzinkige, gebogene Harke, mit der man Mist von einem Wagen herunterziehen konnte*
oifeddle	*einfädeln*
oimehre	*einmehren – z.B. Hefe in den Teig einarbeiten*
Raaf (Eiseraaf)	*Reif (Eisenreif)*
Reffe	*ähnlich einer Sense, jedoch gibt es beim Reff eine zusätzliche Vorrichtung, die das Getreide gleichmäßig ablegt*
Riwweleskuche	*Streußelkuchen*
Rudscha (... en Rudscha Woi)	*hier: ein kleiner Krug voll Wein*
runnagebladdschd	*heruntergefallen*
saggrisch (... e saggrischi Hitz, ... saggrisch kalt)	*hier: furchtbar, schrecklich*
säje	*sähen*
schaiche	*vertreiben; »scheuchen«*

Schbringalesmoddl	*»Springerleform«*
Schdeesa	*altes Fahrrad*
schdribse	*stehlen*
Schlidzohr	*Schlawiener*
schlodzen	*bedächtig trinken*
Schnitter	*früher: Mann, der das Getreide bei der Ernte mit der Sense schnitt*
Schungge (allemannisch)	*Schinken*
Sitzbärdl	*Sitzbrett*
sondiere (... sondiere die Lag)	*die Lage auskundschaften*
vadaale	*verteilen*
vascherwld	*verkauft*
vazehld	*erzählt*
veschbare	*vespern – zu Abend essen*
Wengad	*Wingert, Weinberg*
Wengada	*Winzer*
Woi un Margd	*»Wein und Markt« – Wieslocher Straßenfest*
wolfle Gaul	*guter Gaul; er ist sein Geld wert. Auch: günstig*

Alphabetisches Inhaltsverzeichnis